北大版留学生预科汉语教材·读写教程系列

中 级

汉语

阅读与写作教程 I

张 园 编著

Intermediate Chinese
Reading and Writing
Course

北京大学出版社
PEKING UNIVERSITY PRESS

图书在版编目(CIP)数据

中级汉语阅读与写作教程Ⅰ/张园编著. —北京：北京大学出版社，2006.9
（北大版留学生预科汉语教材·读写教程系列）
ISBN 978-7-301-07959-1

Ⅰ.中… Ⅱ.张… Ⅲ.①汉语–阅读教学–对外汉语教学–教材 ②汉语–写作–对外汉语教学–教材　Ⅳ.H195.4

中国版本图书馆CIP数据核字(2006)第106635号

书　　　名：中级汉语阅读与写作教程Ⅰ
著作责任者：张　园　编著
责 任 编 辑：宋立文
标 准 书 号：ISBN 978-7-301-07959-1/H·1687
出 版 发 行：北京大学出版社
地　　　址：北京市海淀区成府路205号　100871
网　　　址：http://www.pup.cn
电　　　话：邮购部 62752015　发行部 62750672　编辑部 62752028　出版部 62754962
电 子 邮 箱：zpup@pup.pku.edu.cn
印　刷　者：涿州市星河印刷有限公司
经　销　者：新华书店
　　　　　　787毫米×1092毫米　16开本　12.25印张　240千字
　　　　　　2006年9月第1版　2019年7月第5次印刷
定　　　价：32.00元

未经许可，不得以任何方式复制或抄袭本书之部分或全部内容。
版权所有，侵权必究　举报电话：010-62752024
　　　　　　　　　　电子邮箱：fd@pup.pku.edu.cn

序

随着对外汉语教学理论的探讨步步深入，对外汉语教学实践的内容不断丰富，人们对四项技能的认识发生了很大改变。20世纪60年代的"听说领先"为"四项技能全面要求，不可偏废"所取代，80年代，课程分技能设课，教材也分技能编写。然而听说读写四项技能训练的效果和水平在外国留学生中是不平衡的。这主要取决于学生的选择。一般说来，学生投入精力大的是听和说，对读和写较为轻视。这种情况导致入本科学习专业课程的留学生深感阅读和写作能力达不到学习专业的要求，和同班学习的中国学生有着很大差距。不仅阅读专业参考书有困难，完成作业、小论文甚至写读书报告都要请中国同学帮助。于是，在专业学习的同时，不得不继续补习汉语，尤其是阅读和写作两门课。

在这种情况下，北京大学对外汉语教育学院预科教研室的几位教师在总结预科教学经验的基础上，吸收国内外阅读和写作研究的新成果，精心设计，科学安排，编写出了这套初、中、高系列汉语阅读与写作教程。这套教材有如下几个特点：

1. 选材新

阅读材料"为学习者提供极具吸引力和典型性的语言范本"，可读性强，涵盖面广，适用范围大。

2. 训练方式新

针对不同层次的学习者采取不同的训练方式。初级阅读技巧训练侧重在字、词、句和语段切分，写作技巧训练侧重应用文、书信和记叙文等的基本训练。中级阅读技巧训练项目有抓中心意思、猜词方法、时间顺序、重复阅读、作者意图等，写作技巧训练完全配合阅读技巧训练，议论文配合抓中心意思，记叙文配合时间顺序等，把阅读训练与写作指导紧密结合起来。全套教材的阅读训练设置了"合作学习""相关链接""小结"等项目，写作训练采取示范、样式模板、要点讲解等行之有效的手段。

3. 目标明确

这套系列教程分三个层次，每个层次的重点不同。初级本注重习惯培养，中级本注重知识积累，高级本侧重专业学术性。教学要求与HSK密切结合，学完初级第Ⅱ册后可达到5级水平，学完中级第Ⅱ册后可达到7级水平，学完高级第Ⅱ册后可达到HSK高等水平。

  参与编写这套教材的刘立新、张园和赵昀晖都是有着十年以上对外汉语教学经验的教师，他们不仅专业功底扎实，而且谙熟教学技巧，编写过对外汉语教材，积累了丰富的编写经验。这套系列教程是他们多年的心血和积累，我确信这是一套独具特色、实用高效的好教材。

郭振华

前 言

这套阅读与写作系列教程是2005年至2006年北京大学主干基础课立项教材,分为初级、中级、高级三个系列,每个系列分Ⅰ、Ⅱ两册。

中级本的使用对象是汉语水平相当于HSK5—6级的留学生,每册分为12课和两个综合练习,每课包含两篇阅读文章,上册每篇文章500字~1000字,下册每篇文章700字~1200字,阅读速度要求每分钟120字~150字。

教材编写原则:

我们编写本教材的初衷是想帮助那些想上中国的大学,和中国的学生一起学习的外国留学生解决阅读和写作上碰到的困难。我们尝试在本教材中整合知识、方法和策略。知识指语言和文化以及内容知识;方法指阅读和写作的方法,包括阅读和写作技巧;策略指学习过程中解决问题的能力,包括元认知能力。

本教材目的是帮助学生加强整体理解和思辨能力,有两个基本原则:

1. 培养学生的批评性阅读能力:即主动思考,有联想能力,能够表达个人观点,学习"阐释"和"建构"意义,而非被动地接受教科书或教师的观点,只从文章中"提取"意义。

2. 在阅读和写作活动中学会阅读写作:不把讲解内容作为课堂学习的第一步骤。给学生布置任务,使他们在练习的过程中发现问题,提出问题,解决问题。

教材特点:

1. 文章的选择:选择文章时,我们首先注重话题的广泛性,包括文学、历史、哲学和自然科学等;注重所选文章的可讨论性,以便锻炼学生的思辨能力。

2. 练习的编排顺序:在试用过程中,我们多次调整练习的编排顺序,根据试用经验,下面的顺序能收到较好的效果:

第一部分	第二部分	第三部分
个人理解	重点词语	思考、合作练习
阅读理解	词语练习	写作练习
（泛读程序）	（精读程序）	（扩大和应用）
整体———	———部分———	———整体

(1) 每课练习分三个部分，从整体到部分再到整体。先见森林，后见树木，再见森林。

(2) 第一部分遵从"自上而下模式"，在阅读过程中，学生不需要找到所有的语言线索，而是运用已有的背景知识，发挥在阅读过程中的主动作用。第二部分遵从"自下而上模式"，即从小的到大的语言单位逐一辨认、感知解码过程。"自上而下模式"在先，尽量要求学生不要一开始阅读就查字典，把第一部分当作泛读练习，着重整体理解。在完成词语练习后可以回读，作为精读练习。

(3) 第三部分为思考及合作学习、写作练习，使学生回到整体的理解和应用。

3. 训练思辨：阅读的每一部分都有"热身问题"和"个人理解"，第Ⅱ册增加了思考练习，包括思考、解释、评价、比较、反驳、扩展、想象、总结、反思和应用，通过这些形式来训练学生的观察方式、思考习惯、提问技巧、使用证据的方法等，帮助学生确定困难、监控思维过程。

4. 研究性学习的应用：我们称为"大作业"，特点是时间长，需要合作，带有研究性质。学生要有计划地开展一个研究项目，如问卷调查包括设计、调查、分析、汇报四个部分。

5. 写作训练：

(1) 主要有记叙、说明、议论三种文体训练，写作方式主要有模板写作、控制写作和自由写作。

(2) 写作练习加入了过程写作的训练，如多稿写作、同伴评改，注重学生通过多稿写作练习，特别是修改过程学习自我评价和修正。

(3) 论文准备：第Ⅱ册增加了论文的分项练习，如加注释、查找资料、提出论据、分析社会问题和写调查报告等。

6. 合作方法的使用：扩大和加深课文理解，互动和激发思考。每篇阅读课文都有"合作学习"一项，包括小组讨论、分析、辩论、角色扮演、分享、小品创作和表演等。写作也有合作的方式，如：合写故事，写作过程中的同伴评改等。

7. 学会反思：每课的小结和综合练习中的"反思学习"部分强调元认知训练，帮助学生主动学习，学会监控自己的学习过程，反思并评估学习效果，确定新的目标。

在编写过程中,我们努力把相关的教育、教学和阅读理论体现在教材中,虽然进行了新的尝试,但是还有很多值得探讨的问题。敬请同行们批评指正。本教材能够顺利出版,得到了很多人的帮助。北大出版社的编辑们付出了巨大的努力,整个编写过程中我与沈浦娜和宋立文编辑进行了多次探讨。我要感谢北京大学对外汉语教育学院的同事对本教材的支持,感谢王若江老师初期对本教材的指导,感谢张洪宇和赵小玲老师在试用本教材的过程中提出的宝贵意见。特别要感谢我的同事及好友刘立新老师,本教材进行校对时,我远在南非,刘立新老师不辞辛劳承担了全部校对工作,使本教材得以按计划出版。我也感谢南非斯坦陵布什大学的余晓萍老师,我们就英文词汇翻译的理论和实践问题进行了多次探讨。

我们还要感谢本教材所选阅读材料的作者们对我们的默默支持。由于客观条件的限制,很多作者没能联系上,在此表示深深的歉意,请有关作者看到本教材后与编者及时取得联系。联系方式:zhangyuan@pku.edu.cn

张　园

目 录

第 一 课　了解阅读 ·· 1
　　阅读一　阅读的含义 ·· 1
　　阅读二　主动阅读 ··· 6

第 二 课　感悟人生 ·· 13
　　阅读一　不带悲伤的芥末子 ·· 13
　　阅读二　你怎么看你自己 ··· 18

第 三 课　记忆曲线 ·· 24
　　阅读一　刘亦婷的生词记忆方法 ······································ 24
　　阅读二　记忆曲线 ··· 30

第 四 课　人与动物 ·· 38
　　阅读一　和黑猩猩在一起 ··· 38
　　阅读二　义鼠 ··· 43

第 五 课　学习合作 ·· 51
　　阅读一　先知与长勺 ··· 51
　　阅读二　尊重差异 ··· 57

第 六 课　电影欣赏 ·· 64
　　阅读一　《和你在一起》剧情介绍 ···································· 64
　　阅读二　《和你在一起》热点问题 ···································· 71

综合练习(一) ·· 77

第 七 课　人性的弱点 …………………………………………… 83
　　阅读一　利用自私 ………………………………………… 83
　　阅读二　大家 …………………………………………………… 89

第 八 课　人间五色 ………………………………………………… 96
　　阅读一　遗嘱(上) ………………………………………… 96
　　阅读二　遗嘱(下) ………………………………………… 101

第 九 课　博弈理论 ………………………………………………… 107
　　阅读一　失火了,你往哪个门跑? ……………………… 107
　　阅读二　博弈案例:中国应试教育的困境 …………… 113

第 十 课　抗压与成功 …………………………………………… 120
　　阅读一　公仔面 …………………………………………… 120
　　阅读二　抗压与成功 …………………………………… 127

第十一课　友情与爱情 …………………………………………… 135
　　阅读一　朋友 ………………………………………………… 135
　　阅读二　爱恨 ………………………………………………… 140

第十二课　儿时的季节 …………………………………………… 146
　　阅读一　儿时的季节 …………………………………… 146
　　阅读二　小孩 ………………………………………………… 151

综合练习(二) ……………………………………………………… 158

部分练习参考答案 ……………………………………………… 164

词语总表 ………………………………………………………… 176

第一课 了解阅读

学习目的

1. 阅读技巧：抓住文章的主要意思。
2. 内容提示：了解阅读，制定个人阅读学习目标。
3. 写作要求：议论文(1)：基本结构。

热身问题

1. 我们为什么要阅读？
2. 阅读的本质是什么？

阅读 一

阅读的含义

> 提示：画出下文中说明文章的主要意思的词和句子。
> 字数：676字。
> 时间：5分钟。

威廉斯曾给阅读下过一个非常简单的定义："阅读就是一个人看着并理解所写文字的过程。"在这个定义中，最关键的词语是"理解"二字,而不是"看着"。一个人不用眼睛看也可以阅读,如盲人的阅读。一般所指的阅读是通过视觉获得文字信息的阅读。不过盲人阅读现象对于研究阅读的含义、阅读的本质都有重要的启示。

只把文字转换成语音读出来而不理解所读内容的阅读不能算作真正意义上的阅读。我们可以按照读音规则读出任何拼音文字,但那不是阅读。我们可以用眼睛看任何语言文字写的东西,但那只是在利用我们的视力"看见所写的东西",而不是"知道所写的内容"。凡是具备视力的人都能用眼睛看,而且也都能看见所写的文字,就像我们能看见眼前存在的物体一样。然而看见眼前客观存在的物体是一回事,知道物体的意义和用途是另一回事。用眼睛看见书写的文字是视力,而懂得文字意义则是理解力。人们并不总是能了解眼前所看到的事物,有时会看到一样东西而并不知道它是什么,有什么用途和意义。同理,人们对所阅读的文字材料也并非都能理解。文字像客观万物一样,只要具备视力的人便能看到,然而理解并不是视力所为。

"阅读的过程就是理解的过程""阅读的速度就是理解的速度"。这些提法在阅读研究界已成共识。任何研究阅读的人都要首先研究"理解过程"。只有弄清理解的过程,才能揭示阅读的过程。阅读的实质就是理解。

总之,阅读是一种复杂能力的表现。阅读能力指的是阅读理解能力。它是一种综合能力,是通过阅读过程而体现出来的能力。只能读而不理解文字材料,不是阅读能力;只能理解而不能阅读,也不能说是阅读能力。

(改编自胡春洞等《英语阅读论》,1999)

个人理解

1. 读这篇文章时,你有哪些联想?
2. 你对文章中的哪些句子印象深刻?
3. 读这篇文章时,你的心情是什么样的?

阅读理解

一 本文的主要意思是:

A. 能看不一定能阅读　　　B. 阅读的本质是阅读并且理解

C. 会读不一定能理解　　　D. 阅读能力十分复杂

二 根据课文判断正误:

☐ 1. 阅读是通过眼睛实现的,所以不能看就不能阅读。

☐ 2. 盲人阅读的方式和普通人不同。

☐ 3. 真正意义上的阅读是把文字转换成语音读出来。

☐ 4. 凡是具备视力的人都能用眼睛看,因此也能阅读文字。

☐ 5. 理解速度慢是因为阅读的速度慢。

☐ 6. 研究阅读的人都认为阅读的过程就是理解的过程。

☐ 7. 阅读能力包括阅读和理解两个方面。

三 文中哪句话说出了主要意思?

_____

 重点词语

1. 关键	(形、名)	guānjiàn	key
2. 盲人	(名)	mángrén	blindman
3. 视觉	(名)	shìjué	visual sense; vision
4. 获得	(动)	huòdé	to get; to achieve; to gain
5. 启示	(名)	qǐshì	inspiration; enlightenment
6. 转换	(动)	zhuǎnhuàn	to transform; to switch
7. 具备	(动)	jùbèi	to have; to possess
8. 客观	(形)	kèguān	objective; impersonality
9. 用途	(名)	yòngtú	use; purpose
10. 所为		suǒwéi	what one does
11. 共识	(名)	gòngshí	common understanding
12. 揭示	(动)	jiēshì	to reveal; to open out
13. 实质	(名)	shízhì	essential

 词语练习

一 从每行三个词中,找出两个近义词:

1. 关头　关键　重点
2. 获得　获取　获准
3. 本质　质量　实质
4. 转换　转移　改变
5. 具备　具有　完备
6. 用法　用途　用处
7. 揭示　公开　揭露
8. 所做　作为　所为

二 选择"而"或者"而且"填空:

1. 在这个定义中,最关键的词语是"理解"二字,(　　)不是"看着"。

2. 只把文字转换成语音读出来(　　　)不理解所读内容的阅读不能算作真正意义上的阅读。

3. 凡是具备视力的人都能用眼睛看,(　　　)也都能看见所写的文字,就像我们能看见眼前存在的物体一样。

4. 人们并不总是能了解眼前所看到的事物,有时会看到一样东西(　　　)并不知道它是什么,有什么用途和意义。

5. 阅读是一种综合能力,是通过阅读过程(　　　)体现出来的能力。

6. 雨不但没停,(　　　)越下越大。

合作学习

小组讨论并列表:

	阅读过程中会遇到哪些困难?	用哪些方法克服这些困难?
1		
2		
3		
4		
5		
6		

热身问题

1. 阅读时读者为什么要主动？
2. 好的读者有哪些特点？

阅读 二

主动阅读

提示：画出文章中比喻的用法。
字数：790 字。
时间：6 分钟。

既然任何一种阅读都是一种活动，那就必须要有一些主动的活力。完全被动就阅读不了，因为我们不可能在双眼停滞、头脑昏睡的状态下阅读。既然阅读有主动、被动之分，那么我们应该提醒读者，阅读是主动的事，而且越主动阅读效果越好。这个读者比另一个读者更主动一些，他在阅读世界里的探索能力就更强一些，收获就更多一些，因而也更高明一些。读者对他自己以及他面前的书籍要求得越多，获得的就越多。

虽然严格说来，不可能有完全被动的阅读，但还是有许多人认为，比起充满主动的写和说,读与听完全是被动的事。写作者及演说者起码必须要花一点力气,而听众或读者却可以什么也不必做。听众或读者被当作一种沟通接收器,"接受"对方很卖力地在"给予""发送"的信息。这种假设的谬误在于,认为这种"接收"类同于被打了一拳,或得到一项遗产,或得到法院的判决。其实完全相反,听众或读者的"接收"应该像棒球比赛中的捕手才对。

捕手在接球时所发挥的主动是跟投手一样的。投手负责"发送"的工作,他的行动概念就在让球动起来这件事上。捕手的责任是"接收",他的行动是让球停下来。两者都是一种活动,只是方式有点不同。如果说有什么是被动的,就是那只球了。球是毫无感觉的,可以被投手投出去,也可以被捕手接住,完全看打球的人的玩法。作者与读者之间的关系也很类似。写作与阅读的东西就像那只球一样,是被主动、有活力的双方所共有的,是由一方开始,到另一方终结的。

这个比喻有一点不恰当的是:球是一个单纯的个体,不是被完全接住,就是没接住。而一部作品则是一个复杂的物件,可能被接受得多一点,也可能少一点。读者想"接住"多少意念完全看他在阅读时有多主动以及投入多少心思和使用多少技巧。

简单地说,拿同样的书给不同的人阅读,一个人读得比另一个人好,首先在于这人的阅读更主动,其次在于他在阅读中的每一种活动都参与了更多的技巧。

(改编自〔美〕莫提默等《如何阅读一本书》,2004)

个人理解

1. 读这篇文章时,你有哪些联想?
2. 你怎么评论这篇文章?哪些观点你同意?哪些你不同意?
3. 你认为这篇文章在写法上有什么特点?

阅读理解

一 选择正确答案：

1. 主动阅读是指：
   A. 在阅读中多用心思并使用技巧
   B. 不能在双眼停滞、头脑昏睡的状态下阅读
   C. 选择那些写作者花了很多力气的书和文章
   D. 阅读时要有活力

2. 下面哪种说法是正确的？
   A. 写作者及演说者起码必须要花一点力气，而听众或读者却可以什么也不必做
   B. 读书的效果主要在于技巧
   C. 喜欢探索的读者对书籍的要求也多
   D. 阅读的东西像球一样，是一个单纯的个体

二 回答问题：

1. 哪些词可以用来描述阅读时的主动和被动状态？
2. "在阅读世界里探索"是一种什么样的感觉？

三 指出下面的句子哪个是比喻句：

1. 听众或读者被当作一种沟通接收器。
2. 听众或读者的"接收"应该像棒球比赛中的捕手才对。
3. 写作与阅读的东西就像那只球一样，是被主动、有活力的双方所共有的。
4. 这种"接收"类同于被打了一拳，或得到一项遗产，或得到法院的判决。

重点词语

1. 活力	（名）	huólì	vitality; vigour; energy
2. 停滞	（动）	tíngzhì	to stagnate; to be at standstill
3. 昏睡	（动）	hūnshuì	to dope off
4. 探索	（动）	tànsuǒ	to explore; to probe
5. 书籍	（名）	shūjí	book
6. 沟通	（动）	gōutōng	to communicate
7. 接收器	（名）	jiēshōuqì	receiver
8. 假设	（动）	jiǎshè	to suppose
9. 谬误	（名）	miùwù	falsehood; error; mistake
10. 遗产	（名）	yíchǎn	heritage; partrimoney
11. 判决	（动）	pànjué	to sentence
12. 捕手	（名）	bǔshǒu	catcher
13. 投手	（名）	tóushǒu	picther
14. 终结	（动）	zhōngjié	to end; to finish
15. 比喻	（名）	bǐyù	metaphor
16. 单纯	（形）	dānchún	simple; pure

词语练习

一 选词填空：

| 判决 | 假设 | 活力 | 昏睡 | 捕手 | 谬误 |
| 投手 | 遗产 | 比喻 | 沟通 | 单纯 | 停滞 |

1. 年轻人别那么死气沉沉的,一点儿(　　)都没有。
2. 法院的(　　)下来了,他会在监狱里待上20年。
3. 棒球比赛中,接球的人叫(　　),投球的人叫(　　)。
4. 他爸爸去世的时候给他留下了一大笔(　　),他以后的生活没问题了。
5. (　　)你可以选择,你愿意出生在什么年代？
6. 说你像一只整天(　　)的小猪,只是一种(　　)。

7. 人的思维中有很多(　　　　)，而且有时候我们自己发现不了。
8. 见到她的那一刻，他感到时间都(　　　　)了，那就是一见钟情的感觉吧。
9. 你和爸爸没有什么(　　　　)，所以互相都不理解。
10. 这个女孩儿非常(　　　　)，认为所有的人都是好人。

二　从所给的词或词组中选择一个，完成句子：
1. 在头脑昏睡的状态下阅读，效果肯定(很好、不好)。
2. 勇于探索的人(喜欢、不喜欢)新奇的事物。
3. 恰当的选择通常是(正确、不正确)的选择。
4. 高明的读者是(主动、被动)的读者。
5. 法院宣布了他们的婚姻的终结，从此他们俩就(共同生活、各奔东西)了。
6. 我提醒过她了，她(可能、不可能)忘记。

小组讨论：
1. 你的阅读写作目标是什么？什么时候、用什么方法来检查你是否达到了你的目标？
2. 列出你的阅读与写作课学习目标(注意：目标一定是可测量的)

	个人目标	学习方法
1	课外阅读量达到每天1000字	每天读一则新闻或一个故事
2		
3		
4		
5		

一　片段练习：

1. 填关联词,注意句子间的逻辑关系：

（　　）任何一种阅读都是一种活动,（　　）就必须要有一些主动的活力。完全被动就阅读不了,（　　）我们不可能在双眼停滞、头脑昏睡的状态下阅读。（　　）阅读有主动、被动之分,（　　）我们应该提醒读者,阅读是主动的事,（　　）越主动阅读效果越好。

2. 阅读一和阅读二最后一段所使用的总结性的语言：

阅读一：_____

阅读二：_____

二　整体练习：

1. 400字作文:《我所理解的阅读》

结构：

第一部分：什么是阅读

第二部分：主动阅读的重要性

第三部分：阅读中的困难及克服的方法

2. 小组评改：

(1) 小组成员念作文；

(2) 其他成员提出修改建议。

 相关链接 ▶▶▶▶

找一篇有关阅读的书或文章来读,或者在网上搜索"阅读"一词,看看你能查到什么信息。

从这一课你学到了什么？

1. _____

2. _____

第二课　感悟人生

学习目的

1. 阅读技巧：学习猜词方法。
2. 内容提示：生活中怎样面对困难，提高自信心。
3. 写作要求：记叙文(1)：人物的描写。

热身问题

1. 你有悲伤的时候吗？什么时候？
2. 你用什么办法度过悲伤的时期？

阅读 一

不带悲伤的芥末子

提示：阅读下面的文章,画出生词,根据上下文猜测生词的意思。
字数：531字。
时间：4分钟。

很久以前,有个温柔、善良的女人和一个富家之子结了婚,生了一个儿子,他们的生活充满幸福。但这幸福却没有持续多久,她的儿子病死了。女人被悲痛击垮了,她挨家挨户地询问邻居:"有没有一种药或者一种魔法能使我的儿子起死回生?"邻居们看到她失去了理智,就让她去找一位智者。

"有没有一种药能使我的儿子回到我的身边?"女人问。

"我需要一把芥末子。"智者答。

女人欣喜若狂,答应马上去找芥末子。但智者说:"芥末子必须来自从未沾染过悲伤的房子,我会用它治愈你的悲伤。"

她开始寻找神奇的芥末子。看到一座漂亮的房子,她想自己一定找对了地方,就敲开了门,问:"你们家有芥末子吗?"这家人给了她一把芥末子。当她问到这个家庭是否从未经历过悲伤,他们回答:"请不要提悲伤,那是很多痛苦的回忆。"当他们讲述刚刚发生过的那些可怕的故事时,女人的心被深深触动,禁不住泪流满面。

女人想,我自己深知悲伤的滋味,或许能和这些人待一会儿,安慰安慰他们。她陪着他们聊了一会儿,才又出发继续寻找芥末子。但是无论在城市还是乡镇,高山还是平原,她找遍了所有的地方,却没有一个地方没有被悲伤沾染。她为了帮助别人变得如此忙碌,以至于到最后忘掉了寻找芥末子的事,她没有意识到实际上她已经找到了治愈悲伤的良方。

(译自 Walking the Straight Path)

个人理解

1. 读这篇文章时,你有哪些联想?
2. 你对文章中的哪些句子印象深刻?
3. 读这篇文章时,你的心情是什么样的?

第 二 课　感悟人生

阅读理解

一　选择正确答案：

1. 这篇故事告诉我们：
   A. 困难的时候应该去找智者　　B. 找到芥末子是治愈悲伤的良方
   C. 帮助别人是治愈悲伤的良方　　D. 没有经过悲伤的家庭不是很多

2. 根据上下文，下面正确的句子是：
   A. 智者想帮助女人找回儿子
   B. 女人找到了使儿子起死回生的方法
   C. 女人没有意识到她已经找到了治愈悲伤的良方
   D. 只有找到芥末子才能得到幸福

二　根据课文和你的理解回答问题，注意画线的词语：

1. 这个<u>温柔</u>、<u>善良</u>的女人婚后生活怎么样？
2. 见到智者后，女人为什么<u>欣喜若狂</u>？
3. 为什么没有一个地方没有被悲伤<u>沾染</u>？
4. 女人为什么变得十分忙碌？
5. 她为什么没有意识到她已经找到了<u>治愈悲伤的良方</u>？

 重点词语

1. 芥末子	（名）	jièmòzǐ	mustard seed
2. 击垮	（动）	jīkuǎ	to be defeated; to collapse
3. 魔法	（名）	mófǎ	witchcraft; blackart
4. 起死回生		qǐ sǐ huí shēng	to raise sb. from the dead
5. 理智	（名）	lǐzhì	reason; senses
6. 欣喜若狂		xīn xǐ ruò kuáng	to be wild with joy
7. 沾染	（动）	zhānrǎn	to be infected; to get
8. 治愈	（动）	zhìyù	to be cured

9. 触动	（动）	chùdòng	to be touched; to be moved
10. 滋味	（名）	zīwèi	emotional feeling
11. 安慰	（动）	ānwèi	to comfort; to console
12. 忙碌	（形）	mánglù	busy

词语练习

一 阅读句子，猜画线词语的意思：

1. 但这幸福却没有持续多久，她的儿子病死了。女人被悲痛<u>击垮</u>了。
2. 有没有一种药或者一种<u>魔法</u>能使我的儿子<u>起死回生</u>？
3. 邻居们看到她失去了<u>理智</u>，就让她去找一位智者。
4. 女人<u>欣喜若狂</u>，答应马上去找芥末子。
5. 芥末子必须来自从未<u>沾染</u>过悲伤的房子，我会用它<u>治愈</u>你的悲伤。
6. 当他们讲述刚刚发生过的那些可怕的故事时，女人的心被深深<u>触动</u>，禁不住泪流满面。
7. 女人想，我自己深知悲伤的<u>滋味</u>，或许能和这些人待一会儿，<u>安慰</u>安慰他们。
8. 她为了帮助别人变得如此<u>忙碌</u>，以至于到最后忘掉了寻找芥末子的事。

二 选词填空：

击垮　魔法　理智　沾染　起死回生
欣喜若狂　治愈　触动　滋味　安慰

1. 无论她怎样努力，也无法让她的儿子（　　　）。
2. 得知奶奶去世后，我完全被（　　　）了，同屋怎么（　　　）我也没有用。
3. 除非这个医生有（　　　），否则不可能（　　　）他的病。
4. 想想我们在一起这么多年，现在却要分手，心里真不是（　　　）。
5. 他从小没有父母，每天在大街上和一些坏孩子在一起，（　　　）了很多坏习惯。
6. 这本小说中主人公的经历深深（　　　）了我。
7. 拿到了法律系录取通知书，我真是（　　　）。
8. 如果失去了（　　　），你就不能做出正确的决定。

三 用适合下面句子的意思和语法的名词或名词短语填空,答案可以有多种:

1. 有没有一种(　　　)能使我的儿子起死回生?
2. 她十分悲伤,就挨家挨户地去询问(　　　)。
3. 失去了儿子,她觉得自己被(　　　)击垮了。
4. 她没有意识到已经找到了治愈悲伤的(　　　)。
5. 这个家庭经历过很多(　　　)。

小组讨论:
1. 你从课文中理解了哪些东西?
2. 为什么帮助别人能战胜自己的悲伤?

热身问题

1. 你是一个自信的人吗?
2. 什么事给你自信? 什么事让你不自信?

阅读 二

你怎么看你自己

提示：画出文中描写人物的词语。

字数：805 字。

时间：7 分钟。

她站在台上,不时不规律地挥舞着她的双手;仰着头,脖子伸得好长好长,与她尖尖的下巴扯成一条直线;她的嘴张着,眼睛眯成一条直线,诡谲地看着台下的学生;偶尔她口中也会咿咿呜呜的,不知在说些什么。基本上,她是一个不会说话的人,但是,她的听力很好,只要对方猜中或说出她想说的话,她就会乐得大叫一声,伸出右手,用两个指头指着你,或者拍着手,歪歪斜斜地向你走来,送给你一张用她的画制作的明信片。

她叫黄美廉,一位自小就患小儿麻痹的病人。小儿麻痹夺去了她肢体的平衡感,也夺走了她发声讲话的能力。从小她就活在诸多肢体不便及众多异样的眼光中,她的成长充满了血泪。然而她没有让这些外在的痛苦击败她内在的奋斗精神,她昂然面对,迎向一切的不可能,终于获得了加州大学艺术博士学位。她用她的画笔,以色彩告诉人们"寰宇之力与美",并灿烂地"活出生命的色彩"。全场的学生都被她不能控制自如的肢体动作震慑住了。这是一场倾倒生命、与生命相遇的演讲会。

"请问黄博士",一个学生小声地问,"你从小就长成这个样子,请问你怎么看你自己?你没有怨恨吗?"我的心头一紧,真是太不成熟了,怎么可以在大庭广众之下问这个问题,太刺人了,我很担心黄美廉会受不了。

"我怎么看自己?"黄美廉用粉笔在黑板上重重地写下这几个字,她写字时用力极猛,有力透纸背的气势。写完这个问题,她停下笔来,歪着头,回头看着发问的同学,然后嫣然一笑,再回到黑板前,龙飞凤舞地写了起来:

一、我好可爱!
二、我的腿很长很美!
三、爸爸妈妈那么爱我!
四、我会画画!我会写稿!
五、我有一只可爱的猫!
六、……

教室里鸦雀无声,没有人敢讲话。她回过头来定定地看着大家,又回过头去,在黑板上写下了她的结论:"我只看我所有的,不看我所没有的。"掌声从学生群中响起,看着黄美廉倾斜着身子站在台上,满足的笑容从她的嘴角荡漾开来,眼睛眯得更小了,有一种永远也不会被击败的傲然,写在她脸上。

(改编自张力《课堂内外》,2003年第6期)

个人理解

1. 读这篇文章时,你有哪些联想?
2. 读这篇文章时你的心情是什么样的?
3. 你对哪些句子印象深刻?
4. 你认为这篇文章在写法上有什么特点?

阅读理解

一　选择正确答案：

1. 这篇文章的作者告诉我们：
   A. 残疾人也能够读博士　　B. 黄美廉的生活比一般人差多了
   C. 小儿麻痹这种病不影响智力　　D. 看自己所有的，就会有信心

2. 下列哪种说法不正确？
   A. 黄美廉是加州大学的艺术博士
   B. 黄美廉的童年充满了幸福
   C. 黄美廉是个患小儿麻痹的残疾人
   D. 黄美廉用自己的画做成明信片送给在场的一些人

3. 作者认为：
   A. 有些私人问题不应该公开提　　B. 现场的学生都被黄美廉吓住了
   C. 黄美廉的字写得不太好　　D. 黄美廉的精神感染了在场的学生

二　列出黄美廉的情况，和你自己比较：

	黄美廉	你
身体状况		
学术成就		
看待自己		

1. 诡谲　　（形）　　guǐjué　　　　cunning; crafty
2. 小儿麻痹　　　　xiǎo'ér mábì　polio; infantile paralysis
3. 肢体　　（名）　zhītǐ　　　　　limbs
4. 击败　　（动）　jībài　　　　　to be defeated

第二课　感悟人生

5. 昂然	（形）	ángrán	chin up and chest out; upright and unafraid
6. 寰宇	（名）	huányǔ	the earth; the whole world
7. 自如	（形）	zìrú	freely; smoothly
8. 震慑	（动）	zhènshè	to awe; to frighten
9. 倾倒	（动）	qīngdǎo	to be overwhelmed with admiration for sb.
10. 怨恨	（动）	yuànhèn	to hate; to grudge
11. 力透纸背		lì tòu zhǐ bèi	(of handwriting or calligraphy) vigorous; powerful; forceful
12. 嫣然一笑		yān rán yí xiào	to give a charming (or winsome) smile
13. 龙飞凤舞		lóng fēi fèng wǔ	like dragons flying and phoenixes dancing—lively and vigorous flourishes in calligraphy; a flamboyant style of calligraphy
14. 鸦雀无声		yā què wú shēng	not a crow or sparrow is heard—silence reigns
15. 荡漾	（动）	dàngyàng	to drift; to float; to wave

词语练习

一　动词和宾语搭配：

　　伸　　　头
　　挥　　　眼
　　仰　　　手
　　眯　　　脖子

二　选择与词义相对应的词语和拼音填表：

昂然面对　嫣然一笑　鸦雀无声　倾倒　怨恨
控制自如　力透纸背　龙飞凤舞　震慑　诡谲

ángrán miànduì　　kòngzhì zìrú　　lì tòu zhǐ bèi　　guǐjué　　zhènshè
yā què wú shēng　　lóng fēi fèng wǔ　　yān rán yí xiào　　qīngdǎo　　yuànhèn

词义	词语	拼音
形容书法非常有力		
十分佩服		
离奇古怪		
形容书法笔势舒展活泼		
使震惊恐惧		
迷人地一笑		
昂头挺胸无所畏惧地面对		
灵活自然地控制		
对人或事强烈地不满或仇视		
形容非常安静		

三 根据课文给画线词语选择恰当的解释：

1. 从小她就活在诸多肢体不便及众多<u>异样</u>的眼光中，她的成长充满了血泪。
   A. 不同　　B. 特殊　　C. 多种　　D. 一样

2. 怎么可以在大庭广众之下问这个问题，太<u>刺</u>人了。
   A. 讽刺　　B. 刺激　　C. 伤害　　D. 打击

3. 有一种永远也不会被击败的<u>傲然</u>，写在她脸上。
   A. 骄傲的样子　　B. 高傲　　C. 傲慢　　D. 轻视的样子

小组讨论：

1. 黄美廉是怎样看待自己的？为什么？
2. 你的生活和黄美廉相比有哪些相同点和不同点？

一 片段练习：

1. 选择班里的一个同学，口头描述这个同学的长相和特点；
2. 其他同学猜描述的这个同学是谁。

二 整体练习：

200字作文：《我熟悉的一个人》

1. 列出你能想到的描写这个人的词语；
2. 把这些词语连起来，描写这个人。

 相关链接 ▶▶▶▶

找一本当月的《读者》杂志，选择一篇文章阅读，给同学介绍文章内容。

从这一课你学到了什么？

1. _____
2. _____

第三课 记忆曲线

学习目的

1. 阅读技巧：找出每一个段落的重点句。
2. 内容提示：了解记忆规律，学习记忆生词的方法。
3. 写作要求：说明文(1)：说明一个方法。

热身问题

1. 你通常用什么方法记生词？
2. 哪些方法效果好？为什么？

阅读 一

刘亦婷的生词记忆方法

提示：阅读时，画出每个段落的重点句。
字数：1034 字。
时间：8 分钟。

婷儿采用的词汇记忆方法是"高频率、多样化的重复"，具体做法有以下几种：

结合句子和课文,单词记得快

最有效的记忆方法之一,就是把较难记住的信息"挂靠"到容易记忆的事物上面去。这个原理用于学外语,就是结合课文去记单词。因为一篇课文有完整连贯的内容,往往还有一段有趣的故事,大多数单词又都是"老熟人",读上一两遍,梗概和细节就很容易在脑子里生根,不易遗忘。这就像抓住了一张渔网,很容易"捕捞"到网中的一个个生词。于是学外语背单词时,就有了"词不离句,句不离文"的说法。

具体做法是:在学每篇课文前,先花几分钟浏览生词,然后在课文中每个生词下面用铅笔画一道杠,以便听课文或读课文时能特别注意到它们。在不符合读音规则的生词上方可标注重音或音标,但不要在词旁写中文词义。然后就开始逐句听课文录音,听熟之后,再把听课文与读课文结合起来复习。在一遍遍听和读的过程中,遇到每个生词都要清晰地在大脑中反应出它的形、音、义和用法,以便不断加深记忆。这样,要不了多少遍,就能记住这些生词。再经过几天有计划地听、读课文复习,就能记得比较牢了。

背、用结合,单词记得牢

观察力强的人也许会发现,如果动手使用或操作某物,不仅很容易记住它,而且会记得比平常更牢。这个规律用于学外语,就是

把背生词和用生词结合起来,先记住,后应用,不仅记忆效果更好,还能进一步掌握生词的用法,也有利于全面提高其他的英语能力,可说是一石数鸟。

具体做法是:先用听、读课文的方法把生词及其用法记住,但此时记忆效果还不算牢固。然后在此基础上结合以前的词汇和语法库存,用新学的生词反复造各种各样的句子,把生词编进各种各样的"故事情节"中,内容越古怪离奇

越好。比如学了"吃"这个生词,不妨编出"我吃了一张桌子""我吃了一座山"这样的句子,以便留下强烈印象,让你想忘记都难。这样反复用的机会越多,就会记得越牢,用得越熟。

这种方法不仅有利于牢记生词,掌握词汇的基本用法,还有利于让每批生词与以前储存的词汇加速融合,联成一体,提高全部词汇的可用度。

多种感官交替复习,记忆效果好

无论用哪种词汇记忆方法,都以"多种感官交替复习"的记忆效果为最好。心理学家赞科夫通过大规模实验发现,用多种感官交替复习,使二年级实验班学生的成绩超过了单一方法复习的三年级普通班。婷儿的实践也证实了这一结论的正确性。

具体做法是:在复习时交替使用听、读、写、背、说、看等多种方式,而不是一个单词翻来覆去地念上几十遍。

(改编自张欣武、刘卫华《哈佛女孩刘亦婷》,作家出版社,2000)

个人理解

1. 读这篇文章时,你有哪些联想?
2. 你对文章中的哪些句子印象深刻?
3. 你认为这篇文章的作者是什么样的人?

阅读理解

一 选择正确答案:

1. 根据课文,作者和文中提到的婷儿的关系可能是:
   A. 师生　　　B. 父母和子女　　　C. 朋友　　　D. 同学

2. 文中提到的学外语的方法主要指的是学哪种语言？
   A. 英语　　　　B. 汉语　　　　C. 日语　　　　D. 所有的外语

3. 文中"老熟人"指的是：
   A. 刚学会的生词　　　　　　B. 经常看见的人
   C. 认识的人　　　　　　　　D. 认识的生词

4. 文中"一石数鸟"的意思是：
   A. 一块石头可以打下几只鸟　　B. 一个方法起到好几个作用
   C. 一个生词可以用几种方法来记　D. 一个人可以用几种方法

5. 文中提到的多种感官指的是：
   A. 听、说、读、写　　　　　B. 眼、耳、口、手
   C. 读、写、背、说　　　　　D. 多种方式

6. 刘亦婷使用"高频率、多样化的重复"，意思是：
   A. 每天重复　　　　　　　　B. 重复的次数多，方法多
   C. 结合课文和句子　　　　　D. 背、用结合

二　总结文中讲到的几种学习外语的方法：

	方法	原因	具体做法	举例
1				
2				
3				

 重点词语

1. 频率　（名）　　pínlǜ　　　　frequency
2. 挂靠　（动）　　guàkào　　　to hang on
3. 连贯　（形）　　liánguàn　　 coherent
4. 梗概　（名）　　gěnggài　　　broad outline; main idea

5. 遗忘	（动）	yíwàng	to forget
6. 捕捞	（动）	bǔlāo	to fish for (aquatic animals); to catch
7. 浏览	（动）	liúlǎn	to glance over; to browse
8. 杠	（名）	gàng	line
9. 逐	（副）	zhú	one by one
10. 操作	（动）	cāozuò	to do; to operate
11. 一石数鸟		yì shí shù niǎo	to kill several birds with one stone
12. 牢固	（形）	láogù	firm; secure
13. 古怪离奇		gǔguài líqí	strange; odd
14. 储存	（动）	chǔcún	to store; to keep
15. 融合	（动）	rónghé	to mix together; to fuse
16. 感官	（名）	gǎnguān	sense organ
17. 交替	（动）	jiāotì	to alternate
18. 翻来覆去		fān lái fù qù	again and again; repeatedly

词语练习

一 选词填空：

连贯　捕捞　操作　古怪离奇　储存
效果　规律　实践　交替　生根

1. 他总是讲一些(　　　)的事,可能有心理问题。
2. 禁渔期间,渔民不能出海(　　　)鱼类。
3. 电脑出了点毛病,可能是(　　　)不当造成的。
4. 理论需要和(　　　)结合起来才能产生作用。
5. 他每天想几点睡就几点睡,生活一点(　　　)都没有。
6. 他说汉语不太(　　　),可能是生词量不够。
7. 吃了两个多月的药了,但是没有什么(　　　)。
8. 他的冰箱里(　　　)了足够吃一个星期的食物。
9. 要让那么多生词在头脑里(　　　)不是容易的事。
10. 你试试两种方法(　　　)使用,可能效果会好一些。

二　根据课文给画线词语选择恰当的解释：

1. 最有效的记忆方法之一,就是把较难记住的信息"挂靠"到容易记忆的事物上面去。
   A. 挂上　　　B. 联系　　　C. 可靠　　　D. 记住

2. 读上一两遍,梗概和细节就很容易在脑子里生根,不易遗忘。
   A. 详细的内容　B. 概括　　　C. 提纲　　　D. 大概的内容

3. 在学每篇课文前,先花几分钟浏览生词。
   A. 大概地看　　B. 仔细地看　　C. 流利地看　　D. 记住

4. 然后就开始逐句听课文录音。
   A. 逐渐　　　　　　　　　B. 按照每一句
   C. 按次序一句一句　　　　D. 慢慢地

5. 先用听、读课文的方法把生词及其用法记住,但此时记忆效果还不算牢固。
   A. 固守　　　B. 印象深　　　C. 牢笼　　　D. 固体

6. 这种方法有利于让每批生词与以前储存的词汇加速融合,联成一体。
   A. 结合　　　B. 融化　　　C. 合并　　　D. 回忆

7. 心理学家赞科夫进行了大规模实验。
   A. 种类　　　B. 范围　　　C. 按照规定　　　D. 有代表性

8. 在复习时交替使用多种方式,而不是一个单词翻来覆去地念上几十遍。
   A. 多次重复　　B. 翻看书本　　C. 从头到尾　　D. 完完全全

合作学习

小组讨论：
1. 文中提到的方法哪些你使用过,适合你？哪些不适合？
2. 关于《哈佛女孩刘亦婷》一书,有一些不同的看法,查找资料并讨论。

热身问题

1. 你的记忆力怎么样？你记什么记得快？
2. 你会忘记学过的生词吗？为什么？

阅读 二

记忆曲线

提示：阅读时，画出每个段落的重点句。

字数：880字。

时间：7分钟。

德国有一位著名的心理学家名叫艾宾浩斯，他在1885年发表了他的实验报告后，记忆研究就成了心理学中被研究最多的领域之一。据我们所知，记忆的保持在时间上是不同的，有短时记忆和长时记忆两种。我们平时的记忆过程是这样的：

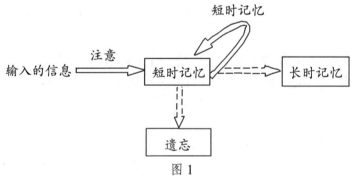

图1

输入的信息在经过人的注意过程的学习后，便成为短时记忆，但是如果不经过及时的复习，这些记住的东西就会被遗忘，而经过了及时的复习，这些短时记忆就会成为一种长时记忆，从而在大脑

第三课 记忆曲线

中保持很长时间。那么,怎样才叫做遗忘呢?所谓遗忘就是我们对于曾经记忆过的东西不能再认起来,也不能回忆起来,或者是错误的再认和错误的回忆。艾宾浩斯拿自己作为测试对象得出了一些关于记忆的结论。他选用了一些根本没有意义的音节,也就是那些不能拼出单词来的众多字母的组合,比如 asww,cfhhj,ijikmb,rfyjbc,得到了一些数据。

表1

时间间隔	记忆量
刚刚记忆完毕	100%
20分钟之后	58.2%
1小时之后	44.2%
8—9个小时之后	35.8%
1天后	33.7%
2天后	27.8%
6天后	25.4%
一个月后	21.1%

然后,艾宾浩斯又根据这些点描绘出了一条曲线,这就是非常有名的揭示遗忘规律的曲线——艾宾浩斯遗忘曲线,图中竖轴表示学习中记住的知识数量,横轴表示时间(天数),曲线表示记忆量变化的规律。

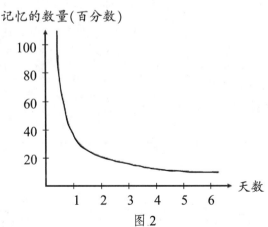

图2

这条曲线告诉人们在学习中的遗忘是有规律的,遗忘的进程不是均衡的,固定的,而是在记忆的最初阶段遗忘的速度很快,后来就逐渐减慢,到了相当长的时间以后,几乎就不再遗忘了,这就是遗忘的发展规律,即"先快后慢"的原则。

而且,艾宾浩斯还在关于记忆的实验中发现,记住12个无意义音节,平均需要重复16.5次;记住36个无意义音节,需重复54次;而记忆六首诗中的480个音节,平均只需要重复8次!这个实验告诉我们,凡是理解了的知识,就能记得迅速、全面而牢固。不然,愣是死记硬背,那是吃力不讨好的。因此,艾宾浩斯的实验向我们充分证实了一个道理,学习要勤于复习,而且记忆时理解效果越好,遗忘得也越慢。

但是记忆规律可以具体到我们每个人,因为我们的生理特点、生活经历不同,可能导致我们有不同的记忆习惯、记忆方式和记忆特点。记忆规律对于记忆行为只能起一个催化的作用,如果与个人的记忆特点相吻合,那么就如顺水扬帆,一日千里;如果与个人记忆特点相悖,记忆效果则会大打折扣。因此,我们要根据每个人的不同特点,寻找到属于自己的艾宾浩斯记忆曲线。

(乐国安,http://www.iselong.com)

个人理解

1. 读这篇文章时,你有哪些联想?
2. 你对哪些句子印象深刻?
3. 你认为这篇文章在写法上有什么特点?

第 三 课　记忆曲线

阅读理解

一 根据课文判断正误：

☐ 1. 输入的信息在大脑中成为长时记忆就不会忘记了。
☐ 2. 错误的回忆也是一种遗忘。
☐ 3. 输入的信息通过学习都能成为短时记忆的信息。
☐ 4. 遗忘规律是先快后慢。
☐ 5. 理解和遗忘成反比。
☐ 6. 根据艾宾浩斯遗忘曲线，记忆后的第二天是遗忘最快的一天。
☐ 7. 记忆规律对每个人都起着决定性的作用。
☐ 8. 不同的记忆习惯、记忆方式、记忆特点不利于个人的记忆。

二 简单说明课文中的三个图表：

图 1：_____

表 1：_____

图 2：_____

三 下面哪些是本文提到的帮助记忆的因素？

A. 注意过程的学习　　　　B. 学习诗歌
C. 及时复习　　　　　　　D. 理解的效果
E. 学习时重复 8 次　　　　F. 个人的记忆特点和记忆规律吻合
G. 进行心理实验

 重点词语

1. 曲线	（名）	qūxiàn	curve
2. 领域	（名）	lǐngyù	domain; realm
3. 输入	（动）	shūrù	to input
4. 数据	（名）	shùjù	data

5. 描绘	（动）	miáohuì	to describe; to portray
6. 竖轴	（名）	shùzhóu	vertical axis
7. 横轴	（名）	héngzhóu	horizontal axis
8. 均衡	（形）	jūnhéng	equilibrium; balance
9. 愣	（副）	lèng	forcefully insist on sth. without proof or basis
10. 死记硬背		sǐ jì yìng bèi	to memorize mechanically; to learn by rote
11. 吃力不讨好		chī lì bù tǎo hǎo	arduous but fruitless
12. 勤	（形）	qín	diligently; frequently
13. 催化	（动）	cuīhuà	to catalyse
14. 吻合	（动）	wěnhé	to be identical; to be coincident
15. 顺水扬帆		shùn shuǐ yáng fān	to set sail along with the current; to take advantage of an opportunity
16. 一日千里		yí rì qiān lǐ	a thousand *li* a day—at a tremendous pace
17. 相悖		xiāng bèi	to be contrary to; to go against

词语练习

一 把下列词语按反义词配对：

横轴	长时
短时	竖轴
懒	输出
记忆	相悖
输入	遗忘
催化	逆水行舟
吻合	减慢
顺水扬帆	勤

第 三 课　记忆曲线

二 根据课文给画线词语选择恰当的解释：

1. 在1885年发表了他的实验报告后，记忆研究就成了心理学中被研究最多的<u>领域</u>之一。
   A. 领导　　　B. 领先　　　C. 地域　　　D. 学术范围

2. 艾宾浩斯又根据这些点描绘出了一条曲线，这就是非常有名的<u>揭示</u>遗忘规律的曲线。
   A. 表示　　　B. 公开显示　　C. 暗示　　　D. 研究出来

3. 遗忘的进程不是<u>均衡</u>的，固定的，而是在记忆的最初阶段遗忘的速度很快，后来就逐渐减慢。
   A. 平衡　　　B. 平等　　　C. 稳定　　　D. 均匀

4. <u>愣</u>是死记硬背，那是吃力不讨好的。
   A. 发呆　　　B. 傻　　　　C. 鲁莽　　　D. 偏要

5. 愣是死记硬背，那是吃力<u>不讨好</u>的。
   A. 讨论出结果　B. 让人称赞　　C. 学好　　　D. 得到好效果

6. 记忆规律对于记忆行为只能起一个<u>催化</u>的作用。
   A. 催促　　　B. 加快变化　　C. 化学变化　　D. 巨大变化

7. 如果与每个人的记忆特点相<u>吻合</u>，那么就如顺水扬帆，一日千里。
   A. 完全符合　　B. 合适　　　C. 亲吻　　　D. 结合

8. 如果与个人记忆特点<u>相悖</u>，记忆效果则会大打折扣。
   A. 远离　　　B. 不一样　　C. 错误　　　D. 相反

合作学习

小组讨论：
1. 这篇文章讲到了记忆中的几个问题？
2. 对我们的学习有什么启发？

一 片段练习：

把下面的句子排序并加上适当的关联词：

① 记忆规律对于记忆行为只能起一个催化的作用
② 我们的生理特点、生活经历不同，可能导致我们有不同的记忆习惯、记忆方式和记忆特点
③ 记忆规律可以具体到每个人
④ 我们要根据每个人的不同特点，寻找到属于自己的艾宾浩斯记忆曲线
⑤ 如果与个人的记忆特点相吻合，那么就如顺水扬帆，一日千里；如果与个人记忆特点相悖，记忆效果则会大打折扣

1. (　　) _____
2. (　　) _____
3. (　　) _____
4. (　　) _____
5. (　　) _____

二 整体练习：

1. 400字作文：《如何记忆生词》

结构：

第一部分：介绍艾宾浩斯曲线
第二部分：我是怎样学习生词的
第三部分：怎样根据记忆规律改进记忆方法

2. 小组评改：

(1) 小组成员念作文；
(2) 其他成员提出修改建议。

相关链接 ▶▶▶▶

找找关于记忆方法的文章,看看对你学汉语有什么启发。

从这一课你学到了什么?

1. _____
2. _____

第四课 人与动物

学习目的

1. 阅读技巧：文章中的时间顺序。
2. 内容提示：动物和人的关系。
3. 写作要求：记叙文(2)：描写动物。

热身问题

1. 你对黑猩猩有什么印象？
2. 如果你独自一人在森林中碰到黑猩猩,会发生什么情况？

阅读 一

和黑猩猩在一起

提示：注意文中画线部分表示时间顺序的词语。

字数：649字。

时间：5分钟。

下雨时黑猩猩们好像很难受,冷得直发抖。我很奇怪为什么他们能够聪明地使用工具,却不会自己遮蔽一下。他们中的好多都咳嗽、感冒了,下大雨时,他们显得很烦躁,脾气不好。有一次,天正下着瓢泼大雨,我走在浓密的森林里,忽然看见一只黑猩猩在我面前弓着身子,我马上站住了。又听见上面有声音,抬头一看,上面还有一只。他一看见我就大声叫起来,那叫声是用来威胁有危险的动物的。在我右边,一只

大黑手正摇着一个树枝,透过叶子的间隙,一双明亮的黑眼睛正严厉地瞪着我。这时,身后又响起一阵恐怖的叫声。头顶上,雄黑猩猩开始摇树杈。我被包围了!我只好蹲下身,尽量装成不害怕的样子。

忽然,一只黑猩猩径直向我冲过来,头发愤怒地抖动着,到了最后一刹那,他突然转身跑开了。我留在原地一动不动,还有两只黑猩猩在一边跃跃欲试。最后我突然意识到就剩下我一个人了,所有的黑猩猩都走了。

直到这时候,我才知道自己刚才是多么害怕,站起来时腿直发抖。虽然黑猩猩站起来只有四英尺高,但雄黑猩猩的力气至少相当于三个成人。我的体重只有九十磅,而且这些天整天在山里跋涉,一天只吃一顿饭,使我很瘦弱。这件事发生在黑猩猩们对我最初的惊恐过后,但还没有平静地把我当成森林的一部分来接受的时候。我猜如果灰胡子大卫在场的话,他们大概不会那么做。

随着时间一周周地过去,渐渐地,我开始认识越来越多的黑猩猩,比如戈利亚特、威廉姆和老佛洛。他们已经跟我很熟了,因为灰胡子大卫常常带着他们来我的帐篷玩儿,我也时刻准备好足够的香蕉等他们来。

(选自〔英〕珍·古道尔《和黑猩猩在一起》,2000)

个人理解

1. 读这篇文章时,你有哪些联想?
2. 你对文章中的哪些句子印象深刻?
3. 你认为这篇文章的作者是什么样的人?

阅读理解

一 根据文章判断正误:

☐ 1. 作者在上山的时候碰到了一只黑猩猩。
☐ 2. 黑猩猩不喜欢下雨的天气。
☐ 3. 黑猩猩包围了作者,但她并不害怕。
☐ 4. 因为有灰胡子大卫,其他黑猩猩才没有伤害作者。
☐ 5. 黑猩猩不会把作者当作森林的一部分来接受。
☐ 6. 作者因为生病了,所以身体十分瘦弱。
☐ 7. 黑猩猩们最后都走了,并没有伤害作者。
☐ 8. 作者蹲下身子,所以黑猩猩害怕了。

二 作者的描述表达的一个主要意思是:

A. 一个人在森林里非常危险
B. 黑猩猩不喜欢人类,应该尽量远离它们
C. 作者有很多黑猩猩朋友
D. 黑猩猩看起来厉害,但它们一般不会伤人

三 回答问题:

1. 下雨时黑猩猩是什么状况?
2. 描述作者碰到黑猩猩时的情况。
3. 作者和黑猩猩是什么样的关系?

第四课 人与动物

 重点词语

1. 发抖	（动）	fādǒu	to shake; to tremble
2. 遮蔽	（动）	zhēbì	to cover; to shield
3. 烦躁	（形）	fánzào	fidget
4. 瓢泼大雨		piáo pō dà yǔ	heavy rain
5. 弓	（动）	gōng	to bow; to bend
6. 透	（动）	tòu	to pass through
7. 间隙	（名）	jiànxì	clearance; space
8. 严厉	（形）	yánlì	stern; severe
9. 瞪	（动）	dèng	to stare
10. 恐怖	（形）	kǒngbù	terrifying
11. 树杈	（名）	shùchà	crotch of a tree
12. 蹲	（动）	dūn	to squat
13. 径直	（副）	jìngzhí	directly; straight
14. 一刹那	（名）	yíchànà	in an instant; in a flash
15. 跃跃欲试		yuè yuè yù shì	to be eager to have a try
16. 跋涉	（动）	báshè	to trudge; to trek
17. 惊恐	（形）	jīngkǒng	terrified; panic stricken
18. 帐篷	（名）	zhàngpeng	tent

 **词语练习**

一 选词填空：

> 弓　摇　瞪　蹲　冲　跋涉　惊恐　威胁　跃跃欲试

1. 黑猩猩（　　）着身子，严厉地（　　）着我。
2. 它一边（　　）树杈，一边发出（　　）的叫声。
3. 由于在森林里（　　）了很长时间，她的身体十分瘦弱。
4. 一只黑猩猩（　　）过来，抢走了我手里的香蕉。
5. 我被包围了，只好（　　）下身子，尽量装成不害怕的样子，其实我感到（　　）极了。

6. 有两只黑猩猩在旁边(　　　),好像随时会发起攻击。

二 按照词性,把下面的词语分成两类:

发抖　难受　包围　威胁　烦躁　接受　浓密
跋涉　恐怖　意识　平静　明亮　害怕　聪明

动词:_____

形容词:_____

三 找出课文中描写作者和黑猩猩的词语:

作者	黑猩猩

1. 一个人大声读课文,另一个人表演课文内容。
2. 讨论:用什么样的方法和动物交往?(尽量使用动词)

热身问题

1. 老鼠是什么样的动物?
2. 想象你和老鼠一起玩儿会怎么样?

阅读 二

义 鼠

提示：注意文章中动词的用法。
字数：820字。
时间：6分钟。

在印度古吉拉特邦的一个小镇上，住着一个叫古丽娜的小姑娘。古丽娜的父母白天忙着上班，没时间照看她，经常把她一个人放在家里。小古丽娜很乖，不哭也不闹，只是觉得一个人不好玩儿。

一天，古丽娜遥控着她的玩具车，在屋里跑来跑去。突然，她听到一阵声响，她一找，声音就停了，她停下来，声音又起……呵，原来是一只小老鼠钻进了她的糖罐里，怎么也跳不出去。看见古丽娜走过来，老鼠愈加跳窜得激烈，一双绿豆眼闪着哀求的光。古丽娜见它可怜，就将罐子翻转，只一倾斜，它就慌忙跳出，落荒而逃。

第二天，可怜的小家伙又困在罐子里了，没记性！古丽娜把老鼠轻轻放出，又放了几块饼干在罐子外边。果然，小老鼠再也没有掉到罐

里去，在外面大摇大摆，吃了个饱，然后扬长而去。有时古丽娜会扔给它一小块巧克力，小可怜用两只爪子捧起来，头也不抬，啃个精光。仿佛是一对默契的朋友，小可怜每天都来，吃饱喝足后并不急于离去，还要当着古丽娜的面在屋子里窜来跳去，小古丽娜觉得这样热闹多了。可父母在家时，它不会来，古丽娜也不希望它来，因为父母见着它就会打死它。

然而，它还是来了。

那天清晨，父母正要出门。突然，一只老鼠窜进来，猛地咬了古丽娜一口。古丽娜尖叫起来，疼得大哭。她的父亲没明白是怎么回事，自己的脚上也被咬了一口。父亲赶紧抓起一根棍子，老鼠机灵，箭一般地往门外跑去。父亲正要转身回来看古丽娜伤得怎么样，老鼠又窜回来，咬了母亲一口，然后窜到门口。一家三口怒从心起，纷纷追打，追出门外。这蠢东西净往开阔的地方奔跑。它在空地上哪里是人的对手！父亲几步赶上，几棍子下去，老鼠在地上痉挛着，小眼睛渐渐没了光泽。它死了。唉，小可怜！

古丽娜难过起来，感到一阵天旋地转，有些站不稳……啊，不！是大地在旋转！在抖动！父亲最先反应过来，他朝村子大喊："地震了，大家快出来……"

太晚了，大地又是一阵更猛烈的摇晃，不远处的房屋在倾斜，倒塌……

举世震惊的古吉拉特邦大地震发生了。

（改编自罗长美《义鼠》，《读者》2005年第1期）

个人理解

1. 读这篇文章时，你有哪些联想？
2. 读这篇文章时你的心情是什么样的？
3. 你对哪些句子印象深刻？
4. 你认为这篇文章在写法上有什么特点？

阅读理解

一 选择正确答案：

1. 古丽娜把糖罐里的小老鼠放出来,因为：
   - A. 小老鼠哀求古丽娜放了它
   - B. 小老鼠答应不再偷吃
   - C. 她觉得小老鼠很可怜
   - D. 她想有个伴儿

2. 古丽娜非常喜欢小老鼠在她的家里,因为：
   - A. 小老鼠吃东西的样子很可爱
   - B. 没人和她玩儿
   - C. 她父母希望她有个伴儿
   - D. 她和小老鼠互相喜欢

3. 小老鼠咬古丽娜一家三口的目的是：
   - A. 它想把他们赶到外面的开阔地
   - B. 它讨厌古丽娜的父母
   - C. 古丽娜不再给它巧克力
   - D. 古丽娜的父亲用棍子打它

4. 古丽娜觉得天旋地转,因为：
   - A. 小老鼠咬伤了她
   - B. 小老鼠死了,她非常难过
   - C. 小老鼠痉挛的样子让她害怕
   - C. 发生了地震

二 这篇课文的主要意思是：

- A. 古丽娜和小老鼠是朋友
- B. 因为古丽娜和小老鼠的关系,小老鼠用自己的生命救了古丽娜一家
- C. 虽然小老鼠很可怜,古丽娜的爸爸还是打死了它
- D. 小老鼠故意在古丽娜父母在家时去,所以被打死了

三 回答问题：

1. 古丽娜是个什么样的小姑娘？
2. 古丽娜为什么能和小老鼠建立友谊？
3. 小老鼠为什么不仅救了古丽娜还救了她父母？

重点词语

1.	遥控	（动）	yáokòng	to control from remote distance
2.	窜	（动）	cuàn	to flee; to scurry
3.	哀求	（动）	āiqiú	to entreat; to implore
4.	罐子	（名）	guànzi	jar
5.	落荒而逃		luò huāng ér táo	to be defeated and flee
6.	困	（动）	kùn	to be stuck in
7.	大摇大摆		dà yáo dà bǎi	to swagger
8.	扬长而去		yáng cháng ér qù	to swagger off
9.	啃	（动）	kěn	to gnaw; to nibble
10.	默契	（形）	mòqì	tacit agreement; to have a perfect mutual understanding
11.	箭	（名）	jiàn	arrow
12.	怒从心起		nù cóng xīn qǐ	fury arose from heart
13.	蠢	（形）	chǔn	stupid
14.	开阔	（形）	kāikuò	open; wide
15.	对手	（名）	duìshǒu	opponent; equal
16.	痉挛	（动）	jìngluán	to have convulsions
17.	天旋地转		tiān xuán dì zhuàn	(feel as if) the sky and earth were spinning round; dizzy
18.	摇晃	（动）	yáohuàng	to shake; to rock
19.	倾斜	（动）	qīngxié	to incline
20.	倒塌	（动）	dǎotā	to collapse
21.	举世	（名）	jǔshì	throughout the world; universally
22.	震惊	（动）	zhènjīng	to shock; to stun

词语练习

一 找出课文中下列动词的宾语或补语：

钻＿＿＿＿＿＿　　困＿＿＿＿＿＿

放＿＿＿＿＿＿　　掉＿＿＿＿＿＿

扔＿＿＿＿＿＿　　捧＿＿＿＿＿＿

啃＿＿＿＿＿＿　　咬＿＿＿＿＿＿

追＿＿＿＿＿＿　　窜＿＿＿＿＿＿

跳＿＿＿＿＿＿

二 根据课文给画线词语选择恰当的解释：

1. 小古丽娜很<u>乖</u>，不哭也不闹，只是觉得一个人不好玩儿。
　　A. 好　　　　B. 听话　　　　C. 漂亮　　　　D. 安静

2. 原来是一只小老鼠钻进了她的糖罐里，<u>怎么也</u>跳不出去。
　　A. 无论如何　B. 不知道如何　C. 因为什么　　D. 多次

3. 古丽娜将罐子倾斜，小老鼠就慌忙跳出，<u>落荒而逃</u>。
　　A. 慌张　　　B. 跑得很快　　C. 逃跑　　　　D. 落了东西

4. 第二天，可怜的小家伙又<u>困</u>在罐子里了。
　　A. 睡觉　　　B. 被限制　　　C. 困难　　　　D. 困惑

5. 小老鼠在外面<u>大摇大摆</u>，吃了个饱，然后扬长而去。
　　A. 走路神气　B. 摇摇晃晃　　C. 摇头摆尾　　D. 高高兴兴

6. 仿佛是一对<u>默契</u>的朋友，小可怜每天都来，吃饱喝足后并不急于离去，还要当着古丽娜的面在屋子里窜来跳去。
　　A. 有一致的了解　B. 沉默　　　C. 完全不同　　D. 互相喜欢

合作学习

小组讨论：
1. 本文题目是"义鼠",这里的"义"是什么意思？
2. 小老鼠和古丽娜是什么关系？和古丽娜的父母呢？

第四课 人与动物

一 片段练习：

根据下列表示时间顺序的词语写一段话：

有一天　忽然　正在……的时候　这时　眼看天快要黑了　最后

_____
_____
_____
_____

二 整体练习：

400字作文：《一只动物》

结构：

第一部分：介绍动物（名字、长相、特点）

第二部分：它的一件事（时间顺序、动作描写）

第三部分：对它的评论

 相关链接 ▶▶▶▶

找一篇有关你喜欢的或者想了解的动物的文章，在班里和同学分享。

从这一课你学到了什么？

1. _____

2. _____

第五课　学习合作

学习目的

1. 阅读技巧：理解故事中的隐喻。
2. 内容提示：理解合作的重要性，尊重差异。
3. 写作要求：议论文(2)：论点、论证、结论。

热身问题

1. 你想象的天堂和地狱是什么样的？
2. 人类为什么需要合作？

阅读 一

先知与长勺

 提示：注意故事中天堂和地狱的描写对比。
　　字数：780字。
　　时间：6分钟。

　　一位正统的信徒来找先知以利亚。他很关心天堂和地狱这个问题，因为他想据此来塑造自己的生活道路。他问先知："地狱在哪儿？天堂在哪儿？"先知没有回答，而是拉着他的手，带他穿过阴暗的小巷来到一座宫殿。跨过一道铁门，他们走进一间大厅。大厅里挤满了人：有穷人也有富人；有衣衫褴褛者也有佩戴珠宝者。大厅中央有一个熊熊燃烧的火堆，上面吊着一个沸腾的大汤锅。大厅里弥漫着汤锅里散发出来的香味。汤锅周围

拥挤着面黄肌瘦的人，每个人都努力确保自己得到一份汤。和以利亚一起来的信徒非常吃惊，因为他发现每个人都拿着一个跟自己身体一样长的勺子，勺柄末端安了一个木头把儿。长勺的其余部分都是铁做的，而且由于汤是滚烫的，所以铁勺也是灼热的。勺里若装了汤，足够一个人吃饱肚子。这些饥饿的人用长勺在锅里舀来舀去。每个人都想得到自己的那一份儿，但谁也得不到。大家吃力地把重勺从汤锅里提起来。但由于勺子太长，所以即使是一个最强壮的人也无法把汤送到自己嘴里。有些特别冒失的舀汤人不是烫伤了自己的胳膊和脸，就是在贪婪和着急之中把热汤撒在了身边其他人的肩上。于是他们互相责骂，并且用本来是帮助他们舀汤的勺子互相殴打。先知对信徒说："这就是地狱。"

他们离开了那个大厅，一会儿就再也听不到那地狱般的喊叫声了。他们又穿过了好几条黑暗的过道，走进了另一个大厅。这里也坐了许多人，而且大厅中央也有一个沸腾的汤锅。每个人手里也拿着一把长勺，跟刚才在那个地狱般的大厅里看到的一样。但是这个大厅里的人都营养良好，而且大厅里只能听到满意的窃窃私语声和轻轻用勺到汤锅里舀汤的声音。舀汤的时候总是两人一组合作：其中一人舀汤喂另一个人；一个人吃饱了，自己再喂伙伴。若是其中一人拿不动那重勺，便会有另外两个人过来帮忙。所以每个人都安安稳稳地喝汤。先知对信徒说："这就是天堂！"

（改编自《先知与长勺》，《神经疾病与精神卫生》2005年第2期）

第 五 课　学习合作

个人理解

1. 读这篇文章时,你有哪些联想?
2. 你对文章中的哪些句子印象深刻?
3. 你认为作者写这篇文章的用意是什么?

阅读理解

一　选择正确答案:

1. 一位正统的信徒来找先知,因为他想:
   A. 找到天堂在哪儿
   B. 看看地狱的样子
   C. 通过了解天堂和地狱知道怎样生活
   D. 把自己塑造成一个天堂中的人

2. 天堂和地狱的不同在于:
   A. 人数多少　　　　　　　　B. 汤锅的大小
   C. 人和人的关系　　　　　　D. 铁勺的长度

3. 地狱大厅中,每个人都得不到汤,因为:
   A. 自己一个人不能把勺子送到嘴边　B. 汤不够多
   C. 人们互相责骂、殴打　　　　　　C. 汤总是撒在别人身上

4. 天堂大厅中,每个人都能得到汤,因为:
   A. 人们都营养良好　　　　　B. 每个人都窃窃私语
   C. 他们互相喂同伴　　　　　D. 每个人都安安稳稳的

二　这个故事表达的意思是:
   A. 喝汤要挑选合适的地方　　B. 有合适的工具才能到达到目的
   C. 天堂和地狱的差别不大　　D. 合作是获得的条件

三 回答问题：

1. 课文中地狱的情况是什么样的？
2. 课文中天堂的情况是什么样的？

 重点词语

1.	正统	（形）	zhèngtǒng	legitimate; orthodox
2.	信徒	（名）	xìntú	disciple
3.	先知	（名）	xiānzhī	prophet
4.	塑造	（动）	sùzào	to shape; to mold
5.	衣衫褴褛		yīshān lánlǚ	shabbily dressed; in rags
6.	佩戴	（动）	pèidài	to be adorned with
7.	熊熊	（形）	xióngxióng	flaming; blazing
8.	燃烧	（动）	ránshāo	to burn
9.	沸腾	（动）	fèiténg	boiling
10.	弥漫	（动）	mímàn	to fill the air; to spread all over the space
11.	面黄肌瘦		miàn huáng jī shòu	sallow and emaciated
12.	柄	（名）	bǐng	handle
13.	滚烫	（形）	gǔntàng	boiling hot
14.	舀	（动）	yǎo	to ladle out; to spoon up
15.	冒失	（形）	màoshi	rash; abrupt
16.	贪婪	（形）	tānlán	greedy
17.	责骂	（动）	zémà	to scold; to rebuke
18.	殴打	（动）	ōudǎ	to beat up; to hit
19.	窃窃私语		qièqiè sīyǔ	to whisper

第 五 课　学习合作

 词语练习

一　选词填空：

责骂　弥漫　面黄肌瘦　衣衫褴褛　冒失　佩戴　窃窃私语　贪婪

1. 我一回家就知道妈妈做好吃的了,因为屋里(　　)着香味。
2. 这个小孩儿真(　　),急急忙忙地进错了教室。
3. 看他那个(　　)的样子,好像每天都吃不饱。
4. 这个老师说话很和气,从不(　　)学生。
5. 他(　　)地看着一桌菜,口水都流出来了。
6. 看他们俩那么亲密地(　　),就知道他们是一对儿。
7. 要饭的人不一定都(　　),有一次我就看见一个穿得十分整齐的乞丐。
8. 参加会议的人要(　　)胸卡才能进场。

二　词语搭配：

熊熊燃烧的　　　汤锅
滚烫的　　　　　眼睛
贪婪的　　　　　孩子
沸腾的　　　　　大火
阴暗的　　　　　铁勺
冒失的　　　　　过道

三　从所给的词或词组中选择一个,完成句子：

1. 他是一个正统的人,(可能、不可能)参加这么开放的活动。
2. 如果一个孩子营养良好,(就会、就不会)面黄肌瘦。
3. 如果你是一个先知,(就会、就不会)为未来担忧了。
4. 丈夫殴打妻子(是、不是)一种家庭暴力。

合作学习

一 讨论以下这些词可能代表的隐含意义：

宫殿：_____

大厅：_____

穷人：_____

富人：_____

面黄肌瘦：_____

汤锅：_____

汤勺舀汤：_____

贪婪：_____

烫伤：_____

责骂：_____

殴打：_____

地狱：_____

营养良好：_____

满意：_____

窃窃私语：_____

喂：_____

同伴：_____

帮忙：_____

天堂：_____

二 把上述词语的隐含意义联起来，说明你对故事的理解。

第五课 学习合作

热身问题

1. 你喜欢和意见不同的人沟通吗?为什么?
2. 人和人之间的差异有多大?

阅读 二

尊重差异

提示:注意文章对不同动物的描写。
字数:735字。
时间:6分钟。

与人合作最重要的是重视不同个体的不同心理、情绪与智能以及个人眼中所见到的不同世界。

自以为是的人总以为自己最客观,别人都失之偏颇,其实这才是画地为牢。反之,虚怀若谷的人承认自己有不足之处,而乐于在与人交往之中汲取丰富的知识见解,重视不同的意见,因而增长见识。此所谓"三人行,必有我师"。

至于完全矛盾的两种意见同时成立,是否合乎逻辑?问题不在于逻辑,而是心理使然。有些矛盾的确可以并存,同一景象会引起矛盾的诠释,而且都言之成理。

假如两人意见相同,其中一人必属多余。与所见略同的人沟通,毫无益处,要有分歧才有收获。

个别差异的重要性从教育家李维斯

(H. R. Reeves)的著名寓言《动物学校》中可见一斑：

有一天，动物们决定设立学校，教育下一代应付未来的挑战。校方制定的课程包括飞行、跑步、游泳及爬树等本领。为了方便管理，所有动物一律要修全部课程。

鸭子游泳技术一流，飞行课成绩也不错，可是跑步就无计可施。为了补救，它只好课余加强练习，甚至放弃游泳课来练跑步，到最后磨坏了脚掌，游泳成绩也变得平庸了。校方可以接受平庸的成绩，只有鸭子自己深感不值。

兔子在跑步课上名列前茅，可是对游泳一筹莫展，甚至精神崩溃。

松鼠爬树最拿手，可是飞行课的老师一定要它自地面起飞，不准从树顶下降，弄得它精神紧张，肌肉抽搐。最后它爬树得中，跑步只有得差。

老鹰是个问题儿童，必须严加管教。在爬树课上，它第一个到达树顶，可是坚持用最拿手的方式，不理会老师的要求。

到学期结束时，一条怪异的鳗鱼以高超的泳技，加上勉强能飞能跑能爬的成绩，反而获得平均最高分，还代表毕业班致辞。

另一方面，地鼠为抗议学校未把掘土打洞列为必修课而集体抵制。它们先把子女教给獾作学徒，然后与土拨鼠合作另办学校。

（改编自 Stephen R. Covey《高效能人士的七个习惯》，2002）

个人理解

1. 读这篇文章时，你有哪些联想？
2. 读这篇文章时你的心情是什么样的？
3. 你对哪些句子印象深刻？
4. 你认为这篇文章在写法上有什么特点？

第五课　学习合作

阅读理解

一　选择正确答案：

1. 作者认为，和意见相同的人沟通：
   A. 会有歧见　　　　　　　　B. 有利于理解
   C. 必属多余　　　　　　　　D. 没有好处

2. 认为"三人行，必有我师"的人是：
   A. 自以为是的人　　　　　　B. 虚怀若谷的人
   C. 失之偏颇的人　　　　　　D. 所见略同的人

3. 鸭子磨坏了脚掌是因为：
   A. 一流的游泳技术　　　　　B. 上飞行课
   C. 课余练习跑步　　　　　　D. 放弃游泳

4. 老鹰在爬树课上，第一个到达树顶，它用的方法是：
   A. 飞　　　　B. 爬　　　　C. 跑　　　　D. 游

5. 鳗鱼代表毕业班致词，因为它：
   A. 名列前茅　　B. 平均分最高　　C. 泳技高超　　D. 能飞能爬

6. 以下哪个理由是地鼠抵制动物学校的原因？
   A. 让獾当老师　　　　　　　B. 另办学校
   C. 不会游泳　　　　　　　　D. 没有把挖洞作为必修课

二　《动物学校》这个寓言告诉我们：
A. 每个人都有所长也有所短　　B. 开学校要考虑对象
C. 考试成绩对每个人都重要　　D. 平均分最高不一定学得最好

三　回答问题：

1. 合作最重要的是什么？
2. 为什么要和有分歧的人沟通？
3. 动物学校的教育结果说明了什么？

重点词语

1. 失之偏颇		shī zhī piānpō	unfair; partial
2. 画地为牢		huà dì wéi láo	to draw a circle on the ground to serve as a prison—restrict one's activities to a designated area
3. 虚怀若谷		xū huái ruò gǔ	have a mind as open as a valley—be extremely modest
4. 汲取	(动)	jíqǔ	to derive; to draw
5. 心理	(名)	xīnlǐ	mentality; mind
6. 使然	(动)	shǐrán	make it like this
7. 诠释	(动)	quánshì	to annotate; to give explanatory notes
8. 言之成理		yán zhī chéng lǐ	speak in a rational and convincing way; sound reasonable
9. 所见略同		suǒ jiàn lüè tóng	have the similar opinion
10. 分歧	(名)	fēnqí	difference; divergence
11. 可见一斑		kě jiàn yì bān	to catch a glimpse of; to get a rough idea of
12. 无计可施		wú jì kě shī	have exhausted one's whole bag of tricks; at one's wits' end
13. 平庸	(形)	píngyōng	mediocre
14. 一筹莫展		yì chóu mò zhǎn	can find no way out
15. 崩溃	(动)	bēngkuì	to breakdown; to collapse
16. 抽搐	(动)	chōuchù	to twitch
17. 鳗鱼	(名)	mányú	eel
18. 致辞	(动)	zhìcí	to make a speech
19. 抗议	(动)	kàngyì	to protest
20. 掘	(动)	jué	to dig
21. 抵制	(动)	dǐzhì	to resist
22. 獾	(名)	huān	badger
23. 土拨鼠	(名)	tǔbōshǔ	groundhog

第五课　学习合作

词语练习

一　根据课文，用下面的词填表：

一流　高超　不错　无计可施　平庸　第一
勉强　名列前茅　精神紧张　一筹莫展　拿手

	游泳	飞行	跑步	爬树
鸭子				
兔子				
松鼠				
老鹰				
鳗鱼				

二　根据课文给画线词语选择恰当的解释：

1. 自以为是的人总以为自己最客观，别人都失之<u>偏颇</u>。
    A. 不公平　　　B. 离题　　　C. 主观　　　D. 偏爱

2. <u>虚怀若谷</u>的人承认自己有不足之处。
    A. 身体虚弱　　B. 心怀不满　　C. 十分空虚　　D. 十分谦虚

3. 与<u>所见略同</u>的人沟通，毫无益处，要有分歧才有收获。
    A. 看见的一样　B. 意见相近　　C. 差不多一样　D. 略微相似

4. 鸭子游泳技术一流，飞行课成绩也不错，可是跑步就<u>无计可施</u>。
    A. 没有能力　　B. 没有办法　　C. 不能认可　　D. 没有计划

5. 兔子在跑步课上名列前茅，可是对游泳<u>一筹莫展</u>。
    A. 非常着急　　B. 不能发展　　C. 十分发愁　　D. 没有办法

6. 老鹰坚持用最拿手的方式，不<u>理会</u>老师的要求。
    A. 听从　　　　B. 理解　　　　C. 学会　　　　D. 注意

7. 地鼠为抗议学校未把掘土打洞列为必修课而集体抵制。
   A. 制定　　　B. 退学　　　C. 不参加　　　D. 反对

8. 校方可以接受平庸的成绩,只有鸭子自己深感不值。
   A. 平时　　　B. 不好　　　C. 不高尚　　　D. 一般

9. 有些矛盾的确可以并存,同一景象会引起矛盾的诠释,而且都言之成理。
   A. 说明和解释　　　　　B. 翻译
   C. 完全的解释　　　　　D. 理解

10. 有些矛盾的确可以并存,同一景象会引起矛盾的诠释,而且都言之成理。
    A. 讲道理　　B. 说得有道理　　C. 言语组成完整　　D. 可以理解

三　从所给的词或词组中选择一个,完成句子:

1. 他的精神已经崩溃了,(可能、不可能)继续完成这个项目。
2. 他的身体一直在抽搐,脸色也变了,看起来她的病(很严重、不太严重)。
3. 他这样做是画地为牢,(可能、不可能)从别人那里学到什么。
4. 由于不断从书中汲取知识,他懂得的道理越来越(少、多)了。
5. 差异的重要性从《动物学校》中可见一斑,看看这个故事,你(能、不能)了解一些。
6. 她这次得病是心理使然,其实病得(不、很)严重。

合作学习

角色扮演:

小组成员选择不同的角色(鸭子、兔子、松鼠、老鹰、鳗鱼、土拨鼠)代表不同的动物讨论:

1. 动物学校应该怎样设置课程?怎样考试?
2. 为什么要尊重差异?

第五课　学习合作

以"为什么要合作"为题,按照下列步骤写作:

1. 列提纲:

　　论点:＿＿＿＿＿＿＿＿＿＿＿＿＿＿＿＿

　　论证:＿＿＿＿＿＿＿＿＿＿＿＿＿＿＿＿

　　结论:＿＿＿＿＿＿＿＿＿＿＿＿＿＿＿＿

2. 400字作文:《为什么要合作》

3. 小组评改:
　　(1) 小组成员念作文;
　　(2) 其他成员提出修改建议。

关于合作有很多故事,找一个你印象深刻的来读并和同学分享。

从这一课你学到了什么?

1.＿＿＿＿＿＿＿＿＿＿＿＿＿＿＿＿＿＿＿＿＿＿＿＿＿＿＿＿

2.＿＿＿＿＿＿＿＿＿＿＿＿＿＿＿＿＿＿＿＿＿＿＿＿＿＿＿＿

第六课　电影欣赏

学习目的

1. 阅读技巧：提高阅读速度——扫描。
2. 内容提示：了解中国电影。
3. 写作要求：议论文(3)：评论一部电影。

热身问题

1. 你看过哪些中国电影？最喜欢的是哪一部？
2. 中国电影和你们国家的电影比较，内容上有什么特点？

阅读

《和你在一起》剧情介绍

 提示：快速阅读，了解文章大意。
字数：784字。
时间：6分钟。

刘小春年幼时就拉小提琴，十三岁即拥有不少令人称美的琴赛奖状。对于这个敏感又沉默的少年，演奏小提琴一直是他最喜

第六课 电影欣赏

爱的表达方式，是和与他从未谋面的母亲之间的一种最珍贵的联系，而母亲是他获取灵感的源头。

他的父亲刘成是一个普通的厨师，深以小春为傲，对儿子寄予深切的期望和天真的野心。赢得区域性的比赛当然不足以造就一个职业演奏家，即使是个乡下人，刘成也知道，他儿子事业的成功非经过北京的洗礼不可。

于是小春和父亲离开家乡的南方小镇，前往北京少年宫参加全国小提琴比赛。

北京激昂的气氛让乡下来的父子俩印象深刻，然而首先吸引住小春的却是一个年轻女人——莉莉。由于她，小春接触到了之前毫无概念的另一种世界。莉莉美丽艳俗，有点儿玩世不恭。莉莉后来成为他少年的初恋和第一位知己。

小春在少年宫的比赛排名第五，对刘成来说，这象征儿子大好前途的第一步。经过不懈的努力，刘成终于让江老师同意收小春为学生。

刘成打工以支付小春的琴课学费。单身的江老师桀骜不驯，不易相处，完全不采用传统教学法。但在其指引下，小春跨出决定性的一大步，暂时搁下了天分上的琴艺技巧，全心投入地"倾听"乐谱。

这期间，小春发现车站陌生的漂亮女人，就住在临近的小楼。另一种教育也展开了，小春很快就窥视出隐藏在莉莉美丽面孔下，一个恋爱中的女人的焦虑，不时受男人欺骗的伤心与失望。

一趟偶然的送餐差事中，刘成聆听了赢得满堂喝彩的一位年轻演奏家的演奏。而后他登门拜访了年轻演奏家的恩师——高雅的余教授，并说服他倾听儿子拉小提琴。

小春满腔遗憾地离开无法担保他演奏事业成功的江老师,在余教授的指导下继续追寻成功的路程。这位新老师严格、苛求,特意将小春和他的得意女弟子林雨凑在一起,让两人竞争。

在这段辛苦的学习过程中,小春也努力澄清了他与父亲之间越来越紧张的关系。

比赛前夕,余教授终于指定小春,而不是林雨参加选拔赛。他甚至泄露给小春一个将影响他一生的秘密……

(http://ent.sina.com.cn,2002年9月4日)

个人理解

1. 读这篇文章时,你有哪些联想?
2. 你对哪些句子印象深刻?
3. 你认为这篇文章介绍的电影故事和你看过的哪部电影或者小说有相似之处?

阅读理解

一 根据课文判断正误:

☐ 1. 因为母亲的要求,刘小春从小就拉小提琴。
☐ 2. 刘成带着小春去北京是为了让小春走成功之路。
☐ 3. 江老师不用传统教法,所以小春琴艺没什么长进。
☐ 4. 小春能看出来莉莉虽然漂亮,但是生活不幸福。
☐ 5. 刘成在北京做厨师给小春挣学费。
☐ 6. 为了进步,小春离开江老师,跟随余教授学习。
☐ 7. 小春和林雨竞争是因为林雨是余教授得意的弟子。
☐ 8. 最后谁参加选拔赛由余教授决定。

二 写出刘小春和下列人物的关系:

刘成:＿＿＿＿＿＿＿＿＿＿＿＿＿＿＿＿＿＿＿＿＿＿＿＿

第六课　电影欣赏

莉莉：＿＿＿＿＿＿＿＿＿＿＿＿＿＿＿＿＿＿

江老师：＿＿＿＿＿＿＿＿＿＿＿＿＿＿＿＿

余教授：＿＿＿＿＿＿＿＿＿＿＿＿＿＿＿＿

林雨：＿＿＿＿＿＿＿＿＿＿＿＿＿＿＿＿＿

三　回答问题：

1. 你认为这是一部什么题材的电影？为什么？
2. 你通过阅读文章，对这部电影有哪些想象？根据想象扩展电影故事或人物关系。

重点词语

1. 令人称羡		lìng rén chēng xiàn	to make people admire
2. 奖状	（名）	jiǎngzhuàng	certificate of merit
3. 敏感	（形）	mǐngǎn	sensitive
4. 沉默	（动）	chénmò	to be silent; to be reticent
5. 谋面	（动）	móumiàn	to meet each other
6. 寄予	（动）	jìyǔ	to place (hope, etc.) on
7. 野心	（名）	yěxīn	ambiton
8. 造就	（动）	zàojiù	to bring up; to train
9. 洗礼	（名）	xǐlǐ	a severe test
10. 少年宫	（名）	shàoniángōng	Children's Palace
11. 激昂	（形）	jī'áng	excited and indignant; roused
12. 艳俗	（形）	yànsú	gaudy; flashy
13. 玩世不恭		wán shì bù gōng	to thumb one's nose at the world; to be cynic
14. 知己	（名）	zhījǐ	intimate friend
15. 不懈	（形）	búxiè	untiring; unremitting
16. 桀骜不驯		jié'ào bú xùn	stubborn and intractable; obstinate and unruly
17. 乐谱	（名）	yuèpǔ	music score

18. 窥视	（动）	kuīshì	to peep at; to spy on
19. 焦虑	（形）	jiāolǜ	anxiety
20. 聆听	（动）	língtīng	to listen (respectfully)
21. 满堂喝彩		mǎn táng hè cǎi	to bring the house down
22. 恩师	（名）	ēnshī	honorable master
23. 满腔遗憾		mǎn qiāng yíhàn	have one's bosom filled with regret
24. 担保	（动）	dānbǎo	to assure; to guarantee
25. 苛求	（动）	kēqiú	to make excessive demands; be over critical
26. 澄清	（动）	chéngqīng	to clarity; to clear up
27. 选拔赛	（名）	xuǎnbásài	(selective) trial
28. 泄露	（动）	xièlòu	to let out; to reveal

词语练习

一 根据课文给画线的词语选择恰当的解释：

1. 演奏小提琴一直是他最喜爱的表达方式，是和与他从未<u>谋面</u>的母亲之间一种最珍贵的联系。
   A. 请求　　　　B. 计谋　　　　C. 取得　　　　D. 见面

2. 由于她，小春接触到之前毫无<u>概念</u>的另一种世界。
   A. 特点　　　　B. 理解　　　　C. 了解　　　　D. 感觉

3. 刘小春年幼时就拉小提琴，十三岁即拥有不少令人称羡的<u>琴赛奖状</u>。
   A. 奖励证书　　B. 奖牌　　　　C. 奖品　　　　D. 夸奖

4. 赢得区域性的比赛当然不足以<u>造就</u>一个职业演奏家。
   A. 成绩　　　　B. 培养使有成就　　C. 创造　　　　D. 造成

5. 即使是个乡下人，刘成也知道，他儿子事业的成功非经过北京的<u>洗礼</u>不可。
   A. 锻炼考验　　B. 学习礼节　　C. 严格考试　　D. 正式学习

6. 母亲是他获取灵感的源头。
   A. 聪明　　　　　　　　　　B. 突然的感觉或思路
   C. 灵活　　　　　　　　　　D. 反应快

7. 莉莉美丽艳俗，有点儿玩世不恭。
   A. 喜欢玩乐　　　　　　　　B. 不尊敬别人
   C. 对别人不关心　　　　　　D. 对待世界的态度不严肃

8. 经过不懈努力，刘成终于让江老师同意收小春为学生。
   A. 了解　　　B. 坚持　　　C. 长时间　　　D. 松懈

9. 单身的江老师桀骜不驯，不易相处。
   A. 性格固执　　B. 没有朋友　　C. 缺少快乐　　D. 脾气不好

10. 但在其指引下，小春跨出决定性的一大步，暂时搁下了天分上的琴艺技巧，全心投入地"倾听"乐谱。
    A. 起到重大作用　B. 最后决定　　C. 有决心　　D. 不能改变

11. 这位新老师严格、苛求，特意将小春和他得意女弟子林雨凑在一起，让两人竞争。
    A. 骄傲　　　　B. 感到满意　　C. 理想　　　D. 喜欢

12. 他甚至泄露给小春一个将影响他一生的秘密。
    A. 故意让人知道　B. 表演　　　C. 流露　　　D. 了解

二　根据课文，给人物找出下列合适的词语：

令人称羡	深切期望	满腔遗憾	教学法	知己	敏感	灵感
桀骜不驯	不易相处	玩世不恭	乡下人	高雅	严格	沉默
不懈努力	焦虑	初恋	失望	泄露	普通	苛求
野心	艳俗	竞争	吸引	辛苦		

刘小春：_____

刘　成：_____

莉　莉：_____

余教授：_____

江老师：_____

观看电影

1. 观看电影《和你在一起》并注意阅读字幕。
2. 记下你印象最深的情节和小组分享。

热身问题

1. 你对《和你在一起》这部电影是怎样理解的？
2. 这部电影中涉及了哪些问题？

阅读 二

《和你在一起》热点问题

 提示：画出文中的新闻报道用语。

字数：782 字。

时间：6 分钟。

本报讯：国庆前在全国上映的陈凯歌导演的大片《和你在一起》，描述了现实生活中许多家庭都会面临的亲情、教育等尖锐的社会问题。

日前新浪网也适时推出了该片的许多热点问题讨论，调查结果颇有意思：为人父母的观众在感动之余更多还是倾向选择成功，正与片中反映的问题一致，而子女却与父母意见相反。引起最大反响的是影片结尾时小主人公的选择。刘小春得知了自己是个弃婴，含辛茹苦的父亲原来只是养父，同时也得知了自己和父亲一直买不回的小提琴原来是被余教授偷偷地买去了，以作为将来控制他的工具，所以就义无反顾地放弃了梦寐以求的国际小提琴比赛，奔向了嘈杂的北京站追赶父亲。小春这样的选择,观众的现场反应是感动,但在此次调查中也还有8%的人认为这太傻了,应该参加比赛。一个有趣的现象是,基本上为人父母的观众,都认为孩子应该参加比赛,而年龄越小的观众,则越毫不犹豫地认为应该和父亲在一起。

杭州11岁的章璐就说:"将来比赛还有机会。"不过她的说法则被大人笑为:"完全不知道人世艰辛。"片中刘成和儿子刘小春相依为命,但是在很多事情上却有着强烈的冲突。现实生活中,中国父子之间的相互理解程度有多少?抽样调查和新浪网上的调查显示了一组触目惊心的数字:30.97%的人认为中国父子间完全不理解,稍微乐观一点的人认为父子间的理解一般般,这样的人占到了64.6%,认为非常理解的只占到3%。

影片中出现了两个老师,一个是王志文扮演的潦倒失意却才情四溢的江老师,一个是陈凯歌扮演的虚伪冷漠却拥有通往罗马之路通行证的余教授。调查中江老师和余教授的比分是48.44:47.40,真性情险胜。家长和孩子再一次做出了截然相反的选择,孩子们都喜欢江老师的真性情,而家长们表示反对的意见则是江老师好是好,但是也太不修边幅了一点,何况余教授指点得很到位,很严格,只有他才能给孩子成功,与片子中父亲刘成的想法一样。

(记者:谢晓/实习生:伍洁敏,《南方都市报》2002年10月7日)

个人理解

1. 读这篇文章时,你有哪些联想?
2. 读这篇文章时你的心情是什么样的?
3. 哪些句子对你印象深刻?
4. 你对文中讨论的问题有什么看法?

阅读理解

一　根据课文判断正误：

☐ 1.《和你在一起》引起了报刊的热烈讨论。
☐ 2. 父母和孩子对刘小春最后的选择观点不一致。
☐ 3. 观众认为刘小春的选择太傻了。
☐ 4. 年龄小的观众完全不知道人世艰辛。
☐ 5. 抽样调查结果显示，中国父子间的理解程度不太理想。
☐ 6. 调查显示，喜欢余老师的人很少。
☐ 7. 家长们不喜欢江老师，因为他不注意外表。
☐ 8. 家长们认为指点到位、严格的老师才能帮助孩子成功。
☐ 9. 余教授有关系能够得到去罗马的通行证。
☐ 10. 父母和孩子的观点有很大差距。

二　根据课文归纳新浪网上调查的问题：

1.
2.
3.
4.
5.

三　回答问题：

1. 孩子和家长的主要观点有什么不同？
2. 为什么这部影片会引起讨论？
3. 你对江老师和余老师有什么评价？

 重点词语

1. 大片	（名）	dàpiàn	block-buster
2. 尖锐	（形）	jiānruì	sharp; keen

3. 反响	（名）	fǎnxiǎng	repercussion; echo
4. 弃婴	（名）	qìyīng	abandoned baby
5. 含辛茹苦		hán xīn rú kǔ	to endure all kinds of hardships
6. 义无反顾		yì wú fǎn gù	honour permits no turning back; be duty-bound not to turn back
7. 梦寐以求		mèng mèi yǐ qiú	to long for sth. day and night
8. 嘈杂	（形）	cáozá	noisy
9. 为人父母		wèi rén fùmǔ	behave as parents
10. 相依为命		xiāng yī wéi mìng	to depend on each other for survival
11. 抽样调查		chōuyàng diàochá	statistics sample survey
12. 触目惊心		chù mù jīng xīn	shocking by the sight
13. 潦倒	（形）	liáodǎo	down and out
14. 失意	（形）	shīyì	frustrated; disappointed
15. 才情四溢		cáiqíng sìyì	brim with talent
16. 虚伪	（形）	xūwěi	sham; false; hypocritical
17. 冷漠	（形）	lěngmò	cold and detached; indifferent
18. 真性情		zhēnxìngqíng	genuine temperament
19. 截然相反		jiérán xiāngfǎn	completely contradict
20. 不修边幅		bù xiū biānfú	not care about one's appearance; to be slovenly
21. 到位	（形）	dàowèi	reach a very high level; perfect

词语练习

一 选词填空：

真性情　截然相反　不修边幅　梦寐以求　反响
触目惊心　相依为命　含辛茹苦　义无反顾　潦倒

1. 他是一个（　　　）的人，从来不注意外表。
2. 同样的调查却得出了（　　　）的结论，真不可思议。
3. 他本来有很多钱，现在（　　　）了，什么都没了。
4. 很多追星族（　　　）见到自己崇拜的明星。
5. 一个有（　　　）的人，一定是有特点的人。

第六课 电影欣赏

6. 考上了大学,他努力学习,希望毕业后能够报答(　　　)的父母。
7. 网络带来了进步,也带来了危害,特别是对青少年的危害(　　　)。
8. 他放弃了舒适的生活,(　　　)地选择到贫穷地区支教。
9. 父亲很早就去世了,只有她和母亲(　　　)。
10. 这个事件引起了社会的强烈(　　　)。

二 从所给的词或词组中选择一个,完成句子:
1. 这么嘈杂的地方(不、很)适合学习。
2. 他很虚伪,(会、不会)说真心话。
3. 他现在感到很失意,精神(很好、不好)。
4. 因为她对人太冷漠,所以人际关系(很好、不好)。
5. 通常一部大片的制作(需要、不需要)花很多钱。
6. 说话太尖锐,别人听起来会感觉(很、不)舒服。
7. 由于工作到位,他受到了领导的(表扬、批评)。

小组讨论并列表:
我们所了解的中国电影:

片名	导演	演员	获奖情况	其他

1. 以"评论《和你在一起》"为题,写一篇600字的作文。
   结构:
   第一部分(100字):电影故事简介
   第二部分(400字):
   (1) 分析这部电影的优点
   (2) 分析这部电影的缺点
   第三部分(100字):你对这部电影的总的看法

2. 小组评改:
   (1) 小组成员念作文;
   (2) 其他成员提出修改建议。

 相关链接 ▶▶▶▶

阅读一本电影杂志,了解中国电影。

从这一课你学到了什么?

1. _____
2. _____

综合练习（一）

第一部分：词语练习

一 选择正确的字组词：

关(健、键)　　(具、据)备　　(竭、揭)示　　(启、企)示
停(滞、带)　　书(藉、籍)　　(戳、谬)误　　(捕、铺)手
击(垮、跨)　　治(愈、输)　　安(蔚、慰)　　忙(碌、禄)
(肢、枝)体　　震(慑、聂)　　(汤、荡)漾　　(鸦、鸭)雀无声
(梗、埂)概　　(浏、流)览　　(融、隔)合　　翻来(覆、复)去
领(域、城)　　(勿、吻)合　　相(脖、悖)　　顺水扬(舢、帆)
(蔗、遮)蔽　　间(隙、细)　　帐(篷、蓬)　　瓢(拨、泼)大雨
(遥、摇)控　　(礶、罐)子　　痉(挛、孪)　　倾(协、斜)
(配、佩)带　　弥(漫、慢)　　贪(禁、婪)　　(欧、殴)打
失之偏(颁、颇)　　可见一(斑、班)　　(低、抵)制　　一(筹、寿)莫展
令人称(羡、姜)　　桀(傲、骜)不驯　　满腔(遗、遭)憾　　(橙、澄)清
含辛(茹、如)苦　　(意、义)无反顾　　(截、戴)然相反　　不修边(副、幅)

二 区分下面词语并填表(讨论有疑问的词语归类)：

落荒而逃　　鸦雀无声　　跃跃欲试　　不修边幅　　令人称美　　失之偏颇
义无反顾　　画地为牢　　昂然面对　　龙飞凤舞　　玩世不恭　　虚怀若谷
才情四溢　　诡谲　　　　平庸　　　　理智　　　　主动　　　　连贯
冷漠　　　　贪婪　　　　虚伪　　　　单纯　　　　高雅　　　　俗艳
严厉　　　　开阔　　　　滚烫　　　　敏感　　　　自如　　　　默契

褒义词	中性词	贬义词

三 词语搭配(答案可以有多种):

动宾搭配		主谓搭配	
揭示	网站	知识	潦倒
具备	事实	思维	嘈杂
探索	条件	建筑	连贯
沾染	枪支	意见	到位
浏览	汉字	精神	激昂
储存	教训	情绪	倒塌
输入	信息	性格	崩溃
佩带	规律	生意	沸腾
汲取	奥秘	动作	牢固
寄予	恶习	环境	冷漠
澄清	希望	热血	分歧

四 选词填空:

野心　雄心

1. 他的(　　)太大了,最后害了自己。
2. 他既有(　　),又肯实干,终于取得了成功。

敏感　敏捷

3. 别看他年纪不大,头脑可非常(　　),思想很成熟。
4. 如果对别人的话太(　　),就很难相信自己。

正统　正派

5. 我们老师太(　　),我们连玩笑都不敢开。
6. 现在从穿着上很难看出一个人是否(　　)。

开阔　广阔

7. 这儿高楼太多了,我想找一个(　　)点儿的地方买房子。
8. 这个工作给他提供了一个发挥才能的(　　)天地。

严厉　严格

9. 父母从小就对他(　　)要求,所以他没有独生子女常有的那些缺点。
10. 父母(　　)的口气使他意识自己犯了大错误。

描绘　描述
11. 他近年来的画作(　　　)了家乡的美丽风景和特有民俗风情。
12. 你们俩对事情的(　　　)完全不同,我到底听谁的?

均衡　均匀
13. 东西部经济发展不(　　　)带来了很多意想不到的问题。
14. 你的面霜涂得不(　　　),脸都花了。

连贯　连续
15. 你需要(　　　)吃一个星期抗生素才能痊愈。
16. 他的汉语水平不高,说话不(　　　),听起来很费力。

理智　理性
17. 人是(　　　)的动物,需要思考。
18. 他上次喝多了酒,失去了(　　　),和人打了一架。

径直　直接
19. 他现在已经可以不用翻译,(　　　)用汉语谈判了。
20. 门也没敲,他就(　　　)闯进了我的办公室。

第二部分：阅读与写作练习

　　一位社会学博士生,在写毕业论文时糊涂了,因为他在(　　　)纳两份相同性质的材料时,发现结论互相(　　　)盾。一份是杂志社提供的4800份调查表,问的是:什么在(　　　)持婚姻中起着决定作用(爱情、孩子、性、收入、其他)? 90%的人回答的是爱情。可是从法院民事庭提供的资料看,根本不是那么回(　　　),在4800件协议离婚案中,真正因感情彻底(　　　)裂而离婚的不到10%。他发现他们大多是被小事分开的。看来真正维持婚姻的不是爱情。

　　例如0001号案例:这对离婚者是一对老人,男的是教师,女的是医生。他们离婚的直(　　　)原因是:男的嗜烟,女的不习惯;女的是素食主义者,男的受不了。

再比如0002号案例：这对离婚者大学时曾是同学，上学时有三年的恋爱历程，后来分在同一个城市，他们结婚五年后离异。直接原因是：男的老家是农村的，父母身体不好，姊妹又多，大事小事都要靠他，同学朋友都进入小康行列，他们一家还过着紧日子，女的心里不顺，经常吵架，结果就（　　）手了。

再比如第4800号案例：这一对结婚才半年，男的是警察，睡觉时喜欢开窗，女的不喜欢；女的是护士，喜欢每天洗一次澡，男的做不到。俩人为此经常闹矛盾，结果（　　）议离婚。

本来这位博士以为他选择了一个（　　）松的题目，拿到这些实实在在的资料后，他才发现《爱情与婚姻的（　　）证关系》是多么难做的一个课题。

他去（　　）教他的指导老师，指导老师说，这方面的问题你最好去请教那些金婚老人，他们才是专家。

于是，他走进大学（　　）近的公园，去结识来此晨练的老人。可是他们的（　　）验之谈令他非常失望，除了宽（　　）、忍让和赏识之类的老调外，在他们身上他也没找出爱情与婚姻的辩证关系。不过，在比较中，他有一个小小的发现，那就是：有些人在婚姻上的失败，并不是找错了对象，而是从一开始就没弄明白，在选择爱情的同时，也就选择了一种生活方式。就是这种生活方式上的小事，决定着婚姻的（　　）谐。有些人没有看到这一点，最后使本来还爱着的两个人走向了分手的道路。

据说，博士生导师就因为他这一小小的发现，使他通过了博士论文的（　　）辩。

(文燕《上帝的笑：小故事中的大智慧》，2001)

一　根据上下文填出所缺的汉字。

二　选择正确答案：

1. 这对离婚者大学时曾是同学，上学时有三年的恋爱历程，后来<u>分</u>在同一个城市。

　　A. 分别　　　　B. 分配　　　　C. 生活　　　　D. 分手

综合练习(一)

2. 同学朋友都进入小康行列,他们一家还过着紧日子。
   A. 关系紧张　　B. 经济不宽裕　　C. 情况紧急　　D. 时间紧迫

3. 博士生在公园中和晨练老人的谈话令他很失望,因为:
   A. 他们不懂爱情与婚姻的辩证关系
   B. 他们没有说出什么新鲜的见解
   C. 他们有些人在婚姻上也失败了
   D. 他们认为选择对象就是选择了生活方式

4. 这篇文章的主要意思是:
   a. 爱情和婚姻不是一回事
   b. 婚姻中起决定作用的不是爱情
   c. 做论文不是那么容易的事
   d. 生活方式上的小事在婚姻中的作用被低估了

三 写作练习:

1. 给上文加上合适的题目: _____
2. 上文的

   论点: _____

   论证: _____

   结论: _____

3. 写一篇对上文的400字的评论。

第三部分: 反思学习

一　对照第一课中制定的目标,总结这一阶段的学习:
   提示:
   认识上的改变
   实际上的进步
   面对的困难
   克服困难的方法

二 你有哪些新的目标？

	个人目标	学习方法
1		
2		
3		
4		
5		

第七课　人性的弱点

学习目的

1. 阅读技巧：了解作者的意图。
2. 内容提示：人性的弱点。
3. 写作要求：议论文(4)：批评一种现象。

热身问题

1. 你认为什么样的行为是自私的？
2. 应该怎样对待自私的人？

阅读 一

利 用 自 私

提示：画出文中表现作者意图的词语。
字数：681字。
时间：5分钟。

美国的一位心理学家在露天游泳池中做了一个有趣的试验，故意安排不同的人溺水，然后观察有多少人会去营救他们。结果耐人寻味。在长达一年的实验中,当白发苍苍的老人"溺水"时,累计有20人进行了营救;当孩子"溺水"时,累计有32人进行了营救;而当妙龄女子"溺水"时,营救的数字上升到50人。

心理学家称,这个实验可以证明人性中有自私的倾向。虽然同样是救人,但他们在跳下水的那一刻,我知道他们心里在想些什么。

这个实验让人想起一个发生在身边的故事。一位职工平时十分吝啬,公司举行募捐什么的他最多出1元钱。但令人奇怪的是,最近他和浙北山区的一位贫困学生结成助学对子,他一次性就拿出了1000元。

其实,每个人的心中都有"基于自己利益"的潜意识倾向,说白了,许多人同时捐助一个人和一个人捐助一个人,当然是后者更具有成就感和具有期待回报的可能性。

人是"自私动物",这并不是一件可耻的事。重要的是,我们如何认识和利用"自私",而不是逆"性"而为。

一座城市的郊区有一座水库,每年夏天都吸引大批游泳爱好者前去游泳。而水库是城市自来水工厂的重要取水源,为了保持水源的清洁卫生,自来水厂在库区竖了许多"禁止游泳"的牌子,但效果并不理想,人们照游不误。

后来自来水厂换了所有禁止类的标语,公告牌上写着:"你家用的水来自这里,为了你和家人的健康,请保持清洁卫生。"结果,库区中的游泳者就鲜见了。

人性之私,我们不容回避。我们要做的就是营造"我为人人,人人为我"的气氛。我们知道这个世界上需要无私奉献,但事实上,生活中的许多事儿都是因为只强调"无私"而收不到良好的效果。

(改编自陆勇强《利用自私》,《读者》2005年第5期)

第七课　人性的弱点

个人理解

1. 读这篇文章时,你有哪些联想?
2. 读这篇文章时你的心情是什么样的?
3. 你对哪些句子印象深刻?
4. 你同意作者的观点吗?为什么?

阅读理解

一　选择正确答案:

1. 心理学家称,这个实验可以证明人性中有自私的倾向,因为:
   A. 他们跳下水的时候,心里想的不一样
   B. 不是每个人都去救人
   C. 不同的人"溺水",参加营救的人数不一样
   D. 每个人都喜欢妙龄女子

2. 那位吝啬的职工一次性拿出1000元,最主要是因为:
   A. 这样能改变他人的看法
   B. 这样做有成就感,而且学生会感谢他
   C. 他和浙北山区的一位贫困学生结成助学对子
   D. 他觉得贫困学生需要救助

3. 自来水厂在库区竖了许多"禁止游泳"的牌子,最主要是因为:
   A. 有大批游泳爱好者前去游泳
   B. 效果并不理想
   C. 人们照游不误
   D. 水库是城市自来水工厂的重要取水源

4. 后来,去库区游泳的人不多了,最主要是因为:
   A. 游泳者知道了库区的水和他们家里的用水有关系

B. 换了牌子
C. 大家都要保持清洁卫生
D. 大家看到了禁止游泳的公告牌

二 本文的中心意思是：

A. 自私是可耻的　　　　　B. 人都是自私的
C. 心理实验的结果耐人寻味　　D. 自私是可以利用的

三 回答问题：

1. 作者举了心理学家和一个职工的例子，为了说明什么？
2. 怎么理解"自私""无私""人人为我，我为人人"的区别？

 重点词语

1. 露天	（形）	lùtiān	in the open air; outdoors
2. 溺水	（动）	nìshuǐ	to be drowned
3. 营救	（动）	yíngjiù	to rescue
4. 耐人寻味		nài rén xún wèi	afford for thought
5. 白发苍苍		bái fà cāngcāng	hoary; hoary-headed
6. 累计	（动）	lěijì	to add up
7. 妙龄	（名）	miàolíng	youthfulness (of a girl)
8. 倾向	（名）	qīngxiàng	inclination; tendency
9. 募捐	（动）	mùjuān	to collect donations
10. 对子	（名）	duìzi	pair
11. 一次性	（形）	yícìxìng	once only
12. 潜意识	（名）	qiányìshi	subconsciousness
13. 回报	（动）	huíbào	to repay; to reciprocate
14. 可耻	（形）	kěchǐ	shameful; disgraceful
15. 照游不误		zhào yóu bú wù	to swim as arranged without change
16. 标语	（名）	biāoyǔ	slogan
17. 鲜见	（形）	xiǎnjiàn	rarely seen
18. 营造	（动）	yíngzào	to build; to construct

第七课 人性的弱点

词语练习

一、选词填空：

> 回报　露天　标语　鲜见　照游不误
> 耐人寻味　一次性　累计　募捐　营造

1. 5月份在（　　）游泳池游泳还有点冷。
2. 冬泳爱好者即使在零下几度的天气也（　　）。
3. 我们给贫困学生（　　）并不是为了（　　）。
4. 现在医院都使用（　　）针头给病人打针。
5. 为了（　　）晚会气氛，我们买了很多蜡烛。
6. 昨天我看了一篇关于大学生请保姆的报道，十分（　　）。
7. 如果（　　）旷课四分之一，就得不到学分。
8. 小区周围的墙上贴满了（　　）。
9. 农村孩子通过努力学习成才的事例并不（　　）。

二、搭配下列动词和宾语：

动词：捐助　累计　利用　竖　结成　营救　保持　营造　期待
　　　强调

宾语：老人　清洁　数字　自私　气氛　学生　无私　对子　牌子
　　　回报

_____

_____

_____

三、从所给的词或词组中选择一个，完成句子：

1. 他是个十分吝啬的人，让他请你吃饭（很有、不太）可能。
2. 他已经50多岁了，找个妙龄姑娘结婚（不太、十分）容易。
3. 有时候我们潜意识里的东西是很（难、容易）说清楚。
4. 如果你觉得这么做可耻，你一定（会、不会）这么做。
5. 一个人有自杀的倾向，就（有、没有）自杀的可能性。

合作学习

小组讨论：
1. 为什么人有自私的一面？
2. 举几个自私的例子，说说怎样可以利用自私。

第七课 人性的弱点

> **热身问题**
> 1. 你有没有参加旅行团的经历？参加旅行团有哪些利弊？
> 2. 如果你对某人的做法有意见，你会怎么做？

阅读 二

大　家

> 提示：画出文中表示作者情感的词语。
> 字数：829 字。
> 时间：7 分钟。

按事先约定，旅行社的中巴将于下午1时离去。归程漫长，路途险峻，不得不早点发车。大多数游客恋恋不舍地告别神秘秀丽的喀纳斯湖，按时上了车，只有三个人迟迟不归。

1时半，那三人仍不知去向，大家不耐车内的燥热，纷纷躲到树荫下抱怨，历数三个家伙的种种不是。

2时，人还没回来，大家开始担忧，频频向远处张望。在这支临时拼凑的松散团队中，众人与三位失踪者毫无瓜葛，但同情心和不安还是有的，会不会发生什么意外？

2时半，失踪者总算出现了，每人骑一匹马，悠哉游哉，毛发未损。

大家松了口气，纷纷回到车上，准备出发。不料那三人下了马，并不上车，和导游打个招呼，就旁若无人地钻进路边的一个小饭馆。

人们震惊了，愤怒了：这么晚回来，还好意思吃饭？素质太差，这不是欺负人吗？拿我们当什么了？谁去说一说，快开车吧，太晚了不安全，尽是盘山道，车翻了大家一起玩儿完，谁也跑不了。

愤怒了半天，只有一个来自北京的女人独自下车，前往交涉，其他人则留下来继续愤怒。

北京女人进了饭馆，试图阻止那三人点菜，建议他们买点干粮带走。未遂。向导游和司机求助，也未遂。导游、司机看来与饭馆老板很熟，他们伙在一起，劝北京女人不要着急。

在煎炒烹炸的油烟中，北京女人咳嗽两下，言辞激烈起来，其关键词有信用、权力、做人、回扣、大家等等。迟归者中的一个冷冷反驳道："大家都没说什么，你一个人就代表大家了？"

北京女人满脸通红，疾返中巴搬救兵。谁知大家不肯当救兵，只是在车内嚷嚷一通，算作一种远距离的声讨。北京女人进退两难，在阳光下傻傻地干晒。

3时，迟归者吃完饭回来，车上的人适时地转了话题。谈及奶茶和伽师瓜。中巴启动时，北京女人突然出人意料地提议，由迟归者向大家道歉。

全体游客一愣，当即鸦雀无声。汽车闷闷行进，远处牧场的羊群在默默吃草。有人小声说："得了，出门在外，都不容易。"一些人随声附和："那是那是。"

北京女人冷笑。几个八九岁的孩子困惑地看着成人。中巴改换低档运行，地势陡峭起来。

(改编自刘齐《大家》，《读者·人文读本》，2004)

第七课　人性的弱点

个人理解

1. 读这篇文章时,你有哪些联想?
2. 读这篇文章时你的心情是什么样的?
3. 你对哪些句子印象深刻?
4. 你认为这篇文章在写法上有什么特点?

阅读理解

一　根据课文判断正误：

☐ 1. 中巴车上的人本来没有什么关系。
☐ 2. 三位失踪者晚回来是因为迷了路。
☐ 3. 大家等待失踪者时,开始生气,后来着急。
☐ 4. 北京女人独自去交涉,因为其他人都不愤怒。
☐ 5. 三个迟归者本来想买点干粮带走。
☐ 6. 北京女人可能提到做人要有信用。
☐ 7. 由于北京女人提议,迟归者向大家道了歉。
☐ 8. 迟归者回来以后大家好像什么都没发生一样。

二　把下面画线的词组成北京女人可能使用的句子：

"在煎炒烹炸的油烟中,北京女人咳嗽两下,言辞激烈起来,其关键词有<u>信用</u>、<u>权力</u>、<u>做人</u>、<u>回扣</u>、<u>大家</u>等等。"

例如：

信用：做人要讲信用！你们怎么能这样不讲信用？

1. ＿＿＿＿＿：＿＿＿＿＿＿＿＿＿＿＿＿＿＿＿＿＿
2. ＿＿＿＿＿：＿＿＿＿＿＿＿＿＿＿＿＿＿＿＿＿＿
3. ＿＿＿＿＿：＿＿＿＿＿＿＿＿＿＿＿＿＿＿＿＿＿
4. ＿＿＿＿＿：＿＿＿＿＿＿＿＿＿＿＿＿＿＿＿＿＿
5. ＿＿＿＿＿：＿＿＿＿＿＿＿＿＿＿＿＿＿＿＿＿＿

三 用几个词评论文中的几类人：

迟归者：_____

司机和导游：_____

饭馆老板：_____

北京女人：_____

其他游客：_____

重点词语

1. 归程	（名）	guīchéng	return journey
2. 险峻	（形）	xiǎnjùn	precipitous; dangerously steep
3. 恋恋不舍		liànliàn bù shě	be reluctant to part from
4. 拼凑	（动）	pīncòu	to bring together
5. 松散	（形）	sōngsǎn	loose
6. 毫无瓜葛		háowú guāgé	without connection
7. 悠哉游哉		yōuzāi yóuzāi	be carefree and content
8. 毛发未损		máofà wèi sǔn	intact; undamaged not even a hair
9. 旁若无人		páng ruò wú rén	act as if there was no one else present—self-assured or supercilious
10. 交涉	（动）	jiāoshè	to negotiate
11. 干粮	（名）	gānliang	solid food
12. 未遂	（动）	wèisuì	not accomplished
13. 言辞	（名）	yáncí	one's words; what one says
14. 激烈	（形）	jīliè	sharp; intense; fierce
15. 反驳	（动）	fǎnbó	to rebut; to disprove
16. 救兵	（名）	jiùbīng	reinforcements
17. 嚷嚷	（动）	rāngrang	to shout
18. 声讨	（动）	shēngtǎo	to condemn
19. 随声附和		suí shēng fùhè	to echo what others say; chime in with others

第 七 课　人性的弱点

20. 困惑	（形）	kùnhuò	perplexed; puzzled
21. 低档	（名）	dīdǎng	low gear
22. 地势	（名）	dìshì	physical features of a place; topography
23. 陡峭	（形）	dǒuqiào	precipitous

词语练习

一　根据课文给画线的词语选择恰当的解释：

1. 大多数游客<u>恋恋不舍</u>地告别神秘秀丽的喀纳斯湖。
   A. 非常喜欢　　B. 不得不离开　　C. 感情很深　　D. 舍不得离开

2. 大家不耐车内的燥热，纷纷躲到树荫下抱怨，历数三个家伙的种种<u>不是</u>。
   A. 不对的地方　B. 不好的地方　　C. 不应该　　　D. 不守信

3. 在这支临时拼凑的松散团队中，众人与三位失踪者<u>毫无瓜葛</u>。
   A. 互相不了解　　　　　　　　　B. 互相不喜欢
   C. 一点关系也没有　　　　　　　D. 不认识

4. 2时半，失踪者总算出现了，每人骑一匹马，<u>悠哉游哉</u>，毛发未损。
   A. 悠闲从容　　B. 慢慢悠悠　　　C. 不慌不忙　　D. 高高兴兴

5. 大家<u>松了口气</u>，纷纷回到车上，准备出发。
   A. 高兴了　　　B. 放心了　　　　C. 着急了　　　D. 开始行动

6. 不料那三人下了马，并不上车，和导游打个招呼，就<u>旁若无人</u>地钻进路边的一个小饭馆。
   A. 没看见旁边的人　　　　　　　B. 旁边没有人
   C. 好像旁边没有人　　　　　　　D. 不看旁边的人

7. 太晚了不安全，尽是盘山道，车翻了大家一起<u>玩儿完</u>，谁也跑不了。
   A. 失败　　　　B. 死　　　　　　C. 玩儿　　　　D. 完成

8. 只有一个来自北京的女人独自下车,前往<u>交涉</u>。
   A. 批评　　　　　　　　　　　　B. 打交道
   C. 商量怎么解决问题　　　　　　D. 交谈

9. 北京女人进了饭馆,试图阻止那三人点菜,建议他们买点干粮带走。<u>未遂</u>。
   A. 没成功　　B. 不可能　　C. 不满意　　D. 不想去

10. 北京女人满脸通红,疾返中巴搬<u>救兵</u>。
    A. 能打架的人　B. 帮忙的人　C. 厉害的人　　D. 救命的人

11. 北京女人<u>进退两难</u>,在阳光下傻傻地干晒。
    A. 不能前进　B. 不能后退　C. 不知道说什么好　D. 处境困难

12. 一些人<u>随声附和</u>:"那是那是。"
    A. 大声说　　B. 小声说　　C. 一起说　　D. 跟着说

二　从所给的词或词组中选择一个,完成句子:

1. 我们只是临时拼凑了一些人,组织了几个松散的小组,(很难、可以)完成这个重要的任务。
2. 前面的地势陡峭,山路险峻,想顺利通过(很、不太)容易。
3. 在一片声讨中,他(辞职、当选)了。
4. 他总是反驳不同的意见,这次也(会、不会)同意。
5. 言辞激烈的人通常(容易、不易)和人相处。
6. 我当时感到十分困惑,所以(发表了、没有发表)自己的意见。
7. 低档行驶的车,速度很(慢、快)。
8. 既然你的孩子毛发未损,你就(应该、不该)没完没了地吵下去。

把这个故事改写成剧本并表演。

第七课　人性的弱点

一　片段练习：

1. 把《大家》缩写成 100 字的故事简介；
2. 用两句话写出这个故事所要表达的意义。

二　整体练习：

1. 600 字作文：《一种坏习惯》

结构：

第一部分：指出一种坏习惯

第二部分：分析这种坏习惯的危害

第三部分：说明怎样改正这种坏习惯

2. 小组评改：

(1) 小组成员念作文；

(2) 其他成员提出修改建议。

 相关链接 ▶▶▶▶

在网上搜索"自私"一词，看看能找到什么资料。

从这一课你学到了什么？

1. _____
2. _____

第八课 人间五色

学习目的

1. 阅读技巧：提高阅读速度——重复阅读。
2. 内容提示：人世间的"情"与"利"。
3. 写作要求：叙述并评论故事（叙议结合）。

热身问题

1. 富人结婚会引发什么问题？
2. 钱会影响婚姻中的信任吗？

阅读 一

遗 嘱（上）

提示：用重复阅读法，2分钟一遍，阅读3遍。
字数：785字。
时间：6分钟。

老金55岁了。

55岁的老金经营着一个巨大的建材企业，他手头究竟有多少

第八课 人间五色

资产,谁也说不清,只晓得,他向慈善机构捐款,一出手就是十万二十万的。

老金有两个儿子,一个女儿,老伴在几年前就去世了。

老伴去世后,有一打的女人挖空心思想嫁给老金,老金一概回绝了:自己已老朽得如同一把枯柴,且患有心脏病,他清楚那些女人们想要的是什么。

老金对狗十分宠爱。几十年的商海生涯使他明白了一个道理:狗有时比人更值得信赖。

不过,狗与人相比总是短命的,这让老金深感遗憾。在死掉了几条狗之后,老金发誓再也不养狗了。没有狗相伴的日子里,老金显得形单影只。女儿看了心疼,便在他63岁的时候,又送了他一条狗。

这条狗虽然不是什么名贵狗,但乖巧、温顺,好像天生与老金有缘,一见到它,老金便很喜爱。他给小狗取名"闹闹",每天无论多忙,他都亲自替闹闹洗澡;闹闹生病了,他又亲自带它去宠物医院看医生。

就是在那家宠物医院里,老金认识了阿方。阿方是宠物医院的护士,每一次老金带闹闹去看病时,阿方姑娘都亲切地把闹闹抱进怀里,又是摩挲又是抚爱,就像一个年轻的妈妈爱抚自己的孩子那样。老金看在眼里,喜在心上。后来,老金就把阿方姑娘聘请到家里专门照顾闹闹。再后来,阿方就成了老金的妻子。结婚的这一年,老金63岁,阿方23岁。

大家都认为年轻貌美的阿方是"因狗得福"的,她嫁给老金一定另有图谋。而阿方表现出的却是另一种姿态。她在老金面前从来没有提及"钱"这个话题,也从来不肯接受老金送她的任何贵重礼物。她对老金说:这世界上只有两样是她的最爱,一是老金这个人,二是老金养的狗。她要用自己的行动向人们证明:在这个物欲横流的社会,还存在着一种纯粹的东西,那就是没有任何功利的爱。

既有女人又有狗的日子,老金感到心满意足。然而,夕阳无限好,只是近黄昏。和阿方姑娘结婚还不到一年的时间,老金就心脏病突发去世了。

(改编自傅爱毛《遗嘱》,《读者·人文读本》,2004 年)

个人理解

1. 读这个故事时,你有哪些联想?
2. 你的心情是什么样的?
3. 你对哪些句子印象深刻?

阅读理解

一 选择正确答案:

1. 下面哪个描写不是老金的生活状况?
   A. 身体瘦弱并且有心脏病　　B. 有很多钱并经常向慈善机构捐款
   C. 十分了解女人　　　　　　D. 生活很孤单

2. 关于老金和狗下面哪个描述是正确的?
   A. 老金发誓不再养狗,因为他的狗都死了
   B. 因为狗是短命的,所以和老金没有缘分
   C. 狗虽然值得信赖,但毕竟没有人那么好
   D. 闹闹不是老金自己要买的

3. 下面对阿方的描述哪个不正确？
   A. 是个年轻貌美的宠物医院护士
   B. 对宠物就像妈妈对孩子一样
   C. 她要向人们表明她的爱是不带功利的
   D. 因为有了她，老金的生活十分幸福

二 回答问题：

1. 老金是个什么样的人？
2. 为什么老伴去世后他不想结婚？
3. 老金为什么会和阿方结婚？
4. 人们对老金和阿方结婚有什么看法？你对这些看法有什么评论？

 重点词语

1. 建材	（名）	jiàncái	building materials
2. 慈善	（形）	císhàn	charity
3. 挖空心思		wākōng xīnsi	to rack one's brains
4. 回绝	（动）	huíjué	to decline; to refuse
5. 老朽	（形）	lǎoxiǔ	decrepit and behind times
6. 枯柴	（名）	kūchái	withered firewood
7. 生涯	（名）	shēngyá	career
8. 信赖	（动）	xìnlài	to trust
9. 短命	（形）	duǎn mìng	die young; be short lived
10. 形单影只		xíng dān yǐng zhī	a single shadow—extremely lonely
11. 宠物	（名）	chǒngwù	pet
12. 摩挲	（动）	mósuō	to caress; to stroke
13. 图谋	（动）	túmóu	to plot; to conspire
14. 物欲横流		wù yù héng liú	full of material desires
15. 纯粹	（形）	chúncuì	pure; sheerly
16. 功利	（名）	gōnglì	utility; material gain
17. 突发	（动）	tūfā	(sth.) happened suddenly

词语练习

一 选词填空：

> 挖空心思　回绝　生涯　形单影只　物欲横流
> 图谋　纯粹　功利　突发　建材

1. 大家都觉得阿方姑娘并不是真的爱老金，而是另有(　　　)。
2. 老伴去世了，老金(　　　)，非常孤独。
3. 在这个(　　　)的社会，到底有没有真情存在？
4. 他(　　　)想和这个女孩接触，却总也找不到机会。
5. 由于(　　　)心脏病，她今早在家中去世了。
6. 我这么做(　　　)是为了孩子。
7. 由于比赛中受了重伤，他的运动(　　　)不得不提前结束了。
8. 做人不能太(　　　)，否则生活中就只有利益关系。
9. 他想请阿方吃饭，被她一口(　　　)了。
10. 北京有很多(　　　)市场，专卖装修材料。

二 课文用了哪些词语形容以下三个人物？

老金：_____

阿方：_____

闹闹：_____

三 搭配下列动词和宾语：

动词：经营　患有　爱抚　深感　值得　显得　接受　证明
宾语：疾病　企业　自己　礼物　信赖　孤单　遗憾　孩子

_____

_____

合作学习

1. 根据文章的线索和小组讨论，续写故事。
2. 和同学分享你续写的故事。

第八课 人间五色

热身问题

1. 如果有亲人去世,家人通常会有什么样的表现?
2. 为什么要立遗嘱?

阅读 二

遗 嘱(下)

提示:注意和上半部分比较故事中的人物描写。
字数:825字。
时间:7分钟。

不过,他的猝死并没有引出什么乱子来。毕竟是在商海混了半辈子的人,老金自有他的精明之处。在跟阿方姑娘结婚前一个月,他就悄悄立下了遗嘱。在老金的后事处理完后,律师和公证人就宣布了遗嘱:老金的全部不动产归两个儿子和一个女儿所有。具体细则有遗嘱附本详细说明。

当然,作为他的合法妻子,他不可能不提到阿方,他在遗嘱中特别说明:他很爱他的狗。他认为在他所有的财产中,最贵重的就是那条名叫"闹闹"的狗。因为它代表着"爱""忠诚"及"信任"这些最美好的东西,是多少金钱都无法替代的。如果他突然去世的话,他要把闹闹作为一份最珍贵的遗

产，留给他的妻子阿方，希望阿方像他在世时那样，悉心照料它。如果阿方不愿意收养它，则征询家里其他人的意见，谁愿意就把狗托付给谁。实在没有人收养，就把狗送到福利院。宗旨是不能让它流落街头。遗嘱刚刚宣读完毕，阿方就歇斯底里地大叫起来，一边叫一边骂老金没良心。说他把所有财产都给了自己的儿子和女儿，却只留给自己一条该死的哈巴狗。自己付出青春和美貌，耐着性子陪他这个"老不死的"，并不是无偿的。看着这个以"贤淑"和"爱心"著称的女人一瞬间变成了这副嘴脸，大家深感诧异。等她骂够了，律师再一次郑重征询她的意见，问她愿不愿意收养闹闹。她咬牙切齿地骂道："收养它个大头鬼啦。我平生最恨的就是狗。让它去死吧。"见她坚决拒绝，律师便遵照遗嘱，当场征询家里其他人的意见。老金的三个儿女由于对财产的分配不是很满意，都默不作声。老金家的保姆，一个侍候了老金多年的乡下阿嫂秋桂最后说："既然大家都不想养这条狗，我就带回乡下去养好了。"老金生前一直对她不薄，如今老金去了，她收养他的狗，也算是为他尽一点心意。既然秋桂阿嫂愿意收养闹闹，律师就让秋桂在一份文件上签了字。

秋桂签完了字，律师和公正人当场拿出另一份遗嘱附本宣布：愿意收养闹闹者，奖励人民币五百万。

阿方听到这里，当场晕厥了过去。老金的三个儿女也都傻了似的呆住了。

(改编自傅爱毛《遗嘱》，《读者·人文读本》，2004年)

个人理解

1. 读这个故事时，你有哪些联想？
2. 你的心情是什么样的？
3. 你对哪些句子印象深刻？
4. 你认为作者的描写真实吗？为什么？

第八课　人间五色

一　根据课文选择：

1. 通过这个故事可以看出，老金：
   A. 并不真正喜欢阿方　　B. 想把500万留给保姆
   C. 对子女没有什么感情　D. 是个十分精明的人

2. 下面关于阿方的说法哪个可能不正确？
   A. 她拒绝闹闹就等于拒绝了"爱""忠诚"及"信任"
   B. 她认为作为合法妻子应该得到老金的遗产
   C. 她结婚的目的老金早就知道了
   D. 她的歇斯底里让大家诧异

3. 乡下阿嫂秋桂收养了闹闹，是因为：
   A. 别人都不想收养闹闹　B. 她回老家，可以把狗带走
   C. 她喜欢狗　　　　　　D. 她侍候老金多年

4. 关于秋桂阿嫂得到500万，下面哪个说法不正确？
   A. 大家都没想到　　　　B. 律师是按照程序办的
   C. 是偶然的　　　　　　D. 是老金事先安排的

二　列表说明整个事件中每个人的态度和做法：

人物	态度	行为
阿方		
三个子女		
秋桂阿嫂		
律师		

三　回答问题：

1. 老金的遗嘱有哪些主要内容？
2. 按照老金的遗嘱，谁是最大的受益者？
3. 老金的心愿实现了吗？为什么？

重点词语

1. 猝死	（动）	cùsǐ	sudden death
2. 乱子	（名）	luànzi	disturbance; trouble
3. 精明	（形）	jīngmíng	astute; shrewd
4. 后事	（名）	hòushì	funeral affairs
5. 公证人	（名）	gōngzhèngrén	notary
6. 不动产	（名）	búdòngchǎn	real estate; immovable property
7. 悉心	（副）	xīxīn	take the utmost care
8. 征询	（动）	zhēngxún	to consult; to inquire
9. 托付	（动）	tuōfù	to commit sth. to sb's care; to entrust
10. 流落街头		liúluò jiētóu	to be driven onto the streets
11. 歇斯底里	（形）	xiēsīdǐlǐ	hysteric
12. 无偿	（形）	wúcháng	free; gratis
13. 贤淑	（形）	xiánshū	kind and genial
14. 著称	（动）	zhùchēng	celebrated; famous
15. 嘴脸	（名）	zuǐliǎn	face; features; countenance
16. 咬牙切齿		yǎo yá qiè chǐ	to gnash one's teeth
17. 薄	（形）	báo	lacking in warmth
18. 晕厥	（动）	yūnjué	to faint

 **词语练习**

一　选词填空：

　　嘴脸　猝死　无偿　精明　贤淑
　　征询　著称　乱子　公证　托付

1. 最近相继发生了几起出租汽车司机（　　）街头的事件。
2. 以千岛（　　）的印尼，有很多美丽的小岛。
3. 最近有很多人参加了（　　）献血的活动。
4. 把这么重要的事（　　）给她，我不放心。
5. 在现代社会，有些人已经不把（　　）看作是妇女的重要美德了。

6. 公司的情况太复杂了,虽然他很(　　　　),但也没法处理好所有的问题。
7. 看到他那副丑恶的(　　　　),我实在忍耐不下去了。
8. 在(　　　　)了董事们的意见后,公司开始推行新的政策。
9. 这段时间家里没有出什么(　　　　),孩子们表现都不错。
10. 这份文件需要进行(　　　　),否则没有用。

二　下面每一组中都有一个词与其他词不同,找出这个词:

1. 律师　　　　公证人　　　　猝死
2. 财产　　　　奖金　　　　　不动产
3. 料理　　　　后事　　　　　去世
4. 乖巧　　　　温顺　　　　　美貌
5. 收养　　　　宗旨　　　　　托付
6. 名贵　　　　珍贵　　　　　珍惜
7. 相伴　　　　夕阳　　　　　黄昏
8. 悉心照料　　珍贵遗产　　　流落街头
9. 默不作声　　坚决拒绝　　　一点心意
10. 年轻貌美　　歇斯底里　　　咬牙切齿

三　从所给的词或词组中选择一个,完成句子:

1. 老板对我不薄,我(想、不想)辞职。
2. 没有良心的儿女通常(会、不会)尽孝。
3. 因为觉得女朋友不合意,他们的关系一直(十分、不太)稳定。
4. 阿方说她一直耐着性子陪着老金,说明她(爱过、没有爱过)老金。

分角色表演这个故事。

以"《遗嘱》引发的思考"为题,写一篇600字的作文。

1. 结构:
   第一部分(100字):《遗嘱》故事简介
   第二部分(400字):从这个故事你想到的几个问题
   第三部分(100字):总结

2. 小组评改:
   (1) 小组成员念作文;
   (2) 其他成员提出修改建议。

找一本文学杂志,如《小说月报》《小说选刊》等,找一篇故事阅读。

从这一课你学到了什么?

1. _____
2. _____

第九课 博弈理论

学习目的

1. 阅读技巧：区分叙述和议论部分。
2. 内容提示：简单了解博弈论及其社会应用。
3. 写作要求：议论文(5)：用理论分析一种现象。

热身问题

1. 你了解博弈论吗？
2. 如果失火了，你会选择什么方式逃生？

阅读 一

失火了，你往哪个门跑？

提示：画出文中讲述博弈论的部分，注意文章是用什么方法讲述理论的。
字数：1065字。
时间：8分钟。

一天晚上，你参加一个晚会，屋里有很多人，你玩得很开心。这

时候,屋里突然失火,火势很大,无法扑灭。此时你想逃生。你的面前有两个门,左门和右门,你必须在它们之间选择。但问题是,其他人也要争抢这两个门出逃。如果你选择的门是很多人选择的,那么你将因人多拥挤、冲不出去而被烧死;相反,如果你选择的是较少人选择的,那么你将逃生。这里我们不考虑道德因素,你将如何选择?这就是博弈论!

你的选择必须考虑其他人的选择,而其他人也考虑你的选择。你的结果——博弈论称之为支付,不仅取决于你的行动选择——博弈论称之为策略选择,同时取决于他人的策略选择。你和这群人构成一个博弈。

上述博弈是一个叫张翼成的中国人在1997年提出的一个博弈论模型,被称之为少数者博弈(Minority Game)。当然,原来的博弈形式不是这么简单,这里我把它简化了。生活中博弈的案例很多,你会见到很多例子。只要涉及到人群的互动,就有博弈。

什么叫博弈?博弈的英文为game,我们一般将它翻译成"游戏"。而在西方,game的意义不同于汉语中的游戏。在英语中,game是人们遵循一定规则的活动,进行活动的人的目的是使自己"赢"。game有竞赛的意思,进行game的人是很认真的,不同于汉语中游戏的概念。因此将game theory翻译成博弈论或者对策论是恰当的。

博弈论的出现只有50多年的历史。博弈论的开创者为诺意曼与摩根斯坦,他们1944年出版了《博弈论与经济行为》。诺意曼是著名的数学家,他同时对计算机的发明做出了巨大贡献,他去世时博弈论还未对经济学产生广泛影响,否则经济学的诺贝尔奖肯定有他的名字,因为诺贝尔奖有规定,只颁发给在世的学者。谈到博弈论,不能忽视博弈论天才纳什(John Nash)。纳什的开创性论文《n人博弈的均衡点》(1950)、《非合作博弈》(1951)等等,给出了纳什

第九课 博弈理论

均衡的概念和均衡存在定理。今天博弈论已经发展成一门较完善的科学。

博弈论对于社会科学有着重要的意义，它正成为社会科学研究范式中的一种核心工具，以至于我们可称博弈论是"社会科学的数学"，或者说是关于社会的数学。从理论上讲，博弈论是研究理性的行动者(agent)相互作用的形式理论，而实际上它正深入到经济学、政治学和社会学等等，被各门社会科学所应用。甚至有学者声称要用博弈论重新改写经济学。1994年诺贝尔经济学奖颁发给三位博弈论专家：纳什、塞尔屯(R. Selten)和哈桑尼(J. Harsanyi)，而像1985年获得诺贝尔奖的公共选择学派的领导者布坎南，1995年获得诺贝尔奖的理性主义学派的领袖卢卡斯(Lukas)，其理论与博弈论都有着较深的联系。现在博弈论正渗透到各门社会科学，更重要的是它正深刻地改变着人们的思维。

（改编自潘天群《博弈生存：社会现象的博弈论解读》，2004）

个人理解

1. 读这篇文章时，你有哪些联想？
2. 你对哪些句子印象深刻？
3. 你对了解一些与社会和经济有关的理论有兴趣吗？为什么？

阅读理解

一 文章谈到了下面的哪些内容？

☐ 1. 什么是博弈论
☐ 2. 少数者博弈模型

☐ 3. 诺贝尔奖的获得者是谁
☐ 4. 关于游戏
☐ 5. 博弈的名词翻译
☐ 6. 纳什的生平
☐ 7. 博弈论的开创者
☐ 8. 博弈论的具体应用情况
☐ 9. 博弈论在社会科学中的意义

二 选择正确答案：

1. 下面哪个不是博弈的条件？
   A. 涉及人群互动
   B. 一个人在做选择的同时也考虑其他人的选择
   C. 有道德因素
   D. 包括支付和策略选择

2. 下面对诺意曼的描述哪个是正确的？
   A. 获得经济学的诺贝尔奖
   B. 独立写出了《博弈论与经济行为》
   C. 在世时博弈论对经济学已经产生了广泛影响
   D. 对数学和计算机科学都有巨大贡献

3. 下面哪个不是博弈论对社会科学影响的表现？
   A. 它正成为社会科学研究范式中的一种核心工具
   B. 被各门社会科学所应用
   C. 正深刻地改变着人们的思维
   D. 用博弈论重新改写经济学

三 回答问题：

1. 什么是博弈论？
2. 什么情况下会发生博弈？
3. 对博弈论有影响的几个重要人物是谁？
4. 博弈论有什么意义？

第 九 课　博弈理论

 重点词语

1. 博弈	（动、名）	bóyì	to game; game
2. 火势	（名）	huǒshì	the intensity of a fire
3. 扑灭	（动）	pūmiè	to put out
4. 逃生	（动）	táoshēng	to flee for one's life
5. 支付	（动）	zhīfù	to pay; to defray
6. 策略	（名）	cèlüè	strategy; tactic
7. 互动	（动）	hùdòng	interaction
8. 遵循	（动）	zūnxún	to follow; to abide by
9. 颁发	（动）	bānfā	to award
10. 忽视	（动）	hūshì	to ignore; to neglect
11. 开创性	（名）	kāichuàngxìng	creative initiation
12. 范式	（名）	fànshì	paradigm
13. 声称	（动）	shēngchēng	to claim; to profess
14. 理性主义		lǐxìng zhǔyì	rationalism
15. 渗透	（动）	shèntòu	to permeate; to infiltrate

 **词语练习**

一　选词填空：

　　声称　均衡　开创性　互动　遵循　颁发　渗透　忽视

1. 现代人的压力越来越大,精神健康不容(　　　)。
2. 诺贝尔奖(　　　)给那些对科学研究做出了(　　　)贡献的科学家。
3. 有一个医生(　　　)他发明了治疗癌症的新药。
4. 国家与国家之间应该(　　　)互惠互利的原则。
5. 博弈理论已经(　　　)到了社会科学的各个方面。
6. 小组成员之间的(　　　)能够激发想象力和创造力。
7. 儿童发展不(　　　)会带来严重的后果。

二 搭配下列动词和宾语(答案可以有多种):

| 扑灭 | 开创 | 大火 | 互动 | 选择 | 贡献 | 涉及 | 策略 | 改变 | 影响 |
| 构成 | 博弈 | 理论 | 考虑 | 思维 | 因素 | 做出 | 简化 | 产生 | 模型 |

_____ _____ _____ _____

_____ _____ _____ _____

_____ _____

合作学习

小组讨论:

1. 讲述你所理解的博弈论。
2. 用博弈论分析一个现实生活中的例子。

热身问题

1. 你认为中国的教育目前面临的最大困难是什么?
2. 你们国家的教育问题是什么?

阅读 二

博弈案例:中国应试教育的困境

提示: 注意文章是怎样用博弈论分析教育状况的。

字数: 783 字。

时间: 6 分钟。

目前中国基础教育的问题是如何摆脱应试教育的困境。大家普遍认为应试教育扼杀学生的创造性,给中小学生"减负"不仅是学生家长的呼声,也是教育专家和教育管理部门的呼声,也可以说是全社会的呼声。教育管理部门这几年做了一系列工作,但收效甚微,并没有从根本上解决问题。

在现有的教育体制下,学生(或家长)有两个可选择的策略:"减负"和"增负"。学生的精力是有限的,如果选择"减负"策略,意味着学生有更多的时间学习课本以外的东西,这样学生的素质可以得到提高,因此,"减负"策略往往与素质教育联系在一起;而如果选择"增负"策略,则意味着学生

花大量时间做大量习题,以"学透""学精"课本规定的东西。"减负"的结果是学生的全面发展;而"增负"的结果是学生获得高分。

在这样的博弈结构下,学生(或家长)如何选择呢?每个学生都这样想:如果他人采取的是"增负"策略,我采取"减负"策略,我的考试分数不如他人,在求学方面我会落后,接受不了好的教育,在未来求职时我也赶不上他人。我应该采取"增负"策略。如果他人采取"减负"策略,我还是应当"增负"。因为如果他人"减负"而我"增负",我的考试分数会比他人高,我会上好学校,未来的职业竞争中我会处于优势。因此,无论他人采取什么策略,我采取"增负"策略都是最好的。当每个学生都这样想的时候,全社会便进入了应试教育的困境。

目前教育的博弈结构规定了各种行动或行为的收益:获得高分的会进入好的初中、高中,进入好的初中、高中的学生可以考高分进入好的大学。在这个博弈中,对于教师来说,学生的升学率高意味着其成绩大、奖金高,对自己的学生采取"增负"策略对于自己而言是占优策略。基础教育结构中,大家均选择"增负"策略构成基础教育博弈的纳什均衡。纳什均衡是一个稳定的博弈结果,这也是为什么我国目前应试教育难以改变的原因。

(改编自潘天群《博弈生存:社会现象的博弈论解读》,2004)

个人理解

1. 读这篇文章时,你有哪些联想?
2. 读这篇文章时你的心情是什么样的?
3. 你对哪些句子印象深刻?
4. 你认为这篇文章在写法上有什么特点?

第九课　博弈理论

阅读理解

一　根据课文判断正误：

☐ 1. 应试教育是全社会的呼声。
☐ 2. 教育管理部门无法解决应试教育带来的问题。
☐ 3. 要想提高学生的素质应该采取"减负"策略。
☐ 4. 要想得高分应该采取"减负"策略。
☐ 5. "学透""学精"课本规定的东西才能使学生全面发展。
☐ 6. 采取"增负"策略是竞争最有力的策略。
☐ 7. 大家都采取"增负"策略，所以应试教育现状难以改变。
☐ 8. 教师对学生采取"减负"策略是占优策略。
☐ 9. 采取"增负"策略的学生可以进入好的大学。
☐ 10. 大家均选择不同的策略构成了基础教育博弈的纳什均衡。

二　回答问题：

1. 中国应试教育的困境是怎样形成的？
2. 应试教育带来了什么样的后果？
3. 基础教育结构中为什么学生和教师都采取"增负"策略？

重点词语

1. 困境	（名）	kùnjìng	difficult position; predicament
2. 摆脱	（动）	bǎituō	to get rid of
3. 扼杀	（动）	èshā	to strangle; to smother
4. 减负		jiǎn fù	to lighten burden
5. 呼声	（名）	hūshēng	voice; cry
6. 收效甚微		shōuxiào shèn wēi	produce very little effect
7. 体制	（名）	tǐzhì	system (of organization)
8. 增负		zēng fù	to increase burden
9. 精力	（名）	jīnglì	energy

10. 素质	（名）	sùzhì	character; quality
11. 优势	（名）	yōushì	predominance; advantage
12. 收益	（名）	shōuyì	income; profit
13. 升学率	（名）	shēngxuélǜ	the proportion of students entering schools of a higher grade
14. 占优	（动）	zhànyōu	to have advantage

词语练习

一 根据课文给画线的词语选择恰当的解释：

1. 目前中国基础教育的问题是如何<u>摆脱</u>应试教育的困境。
   A. 脱离　　　B. 摇摆　　　C. 走开　　　D. 解决

2. 大家普遍认为应试教育<u>扼杀</u>学生的创造性。
   A. 杀死　　　B. 压制　　　C. 发展　　　D. 抹杀

3. 教育管理部门这几年做了一系列工作，但<u>收效甚微</u>，并没有从根本上解决问题。
   A. 收获很大　B. 微小　　　C. 很不好　　D. 效果不大

4. 学生的<u>精力</u>是有限的。
   A. 思想　　　B. 精神和体力　C. 力量　　　D. 能力

5. 给中小学生"减负"不仅是学生家长的<u>呼声</u>，也是教育专家和教育管理部门的呼声，也可以说是全社会的呼声。
   A. 喊叫　　　B. 意见和要求　C. 声音　　　D. 说法

6. 当每个学生都这样想的时候，全社会便进入了应试教育的<u>困境</u>。
   A. 境地　　　B. 困难的处境　C. 犯困　　　D. 困难

7. 在现有的教育<u>体制</u>下，学生(或家长)有两个可选择的策略。
   A. 制定　　　B. 体现　　　C. 规定　　　D. 组织制度

8. "减负"策略往往与素质教育联系在一起。
   A. 素养　　　B. 严肃　　　C. 质量　　　D. 品质

9. 目前教育的博弈结构规定了各种行动或行为的收益。
   A. 有益的　　B. 领取　　　C. 接受　　　D. 得到的好处

10. 学生的升学率高意味着其成绩大、奖金高。
    A. 得到奖状　B. 奖励的钱　C. 金钱　　　D. 工资

二　从所给的词或词组中选择一个，完成句子：

1. 他学数学没有优势,(应该、不该)报考数学系。
2. 如果把升学率放在第一位,素质教育就(是、不是)最重要的。
3. 增负是占优策略,(应该、不该)选择增负。
4. 为了让孩子均衡发展,(应该、不该)让孩子参加多种活动。

三　词语联想：从所给词语联想到其他相关词语：

1. 素质：_____　_____　_____　_____

2. 困境：_____　_____　_____　_____

3. 扼杀：_____　_____　_____　_____

4. 精力：_____　_____　_____　_____

合作学习

小组讨论：
1. 用什么方法能够解决当前中国应试教育的问题？
2. 你们国家有哪些可以借鉴的教育经验？

一 片段练习：

1. 将下面的简单句加上关联词合成一段话：
   ① 诺意曼是著名的数学家
   ② 诺意曼对计算机的发明做出了巨大贡献
   ③ 诺意曼去世时博弈论还未对经济学产生广泛影响
   ④ 诺意曼没有获得诺贝尔奖
   ⑤ 诺贝尔奖只颁发给在世的学者

2. 在括号里填上适当的词语，使段落完整，有逻辑性：
（　　），你参加一个晚会，屋里有很多人，你玩得很开心。（　　），屋里突然失火，火势很大，无法扑灭。（　　）你想逃生。你的面前有两个门，左门和右门，你必须在它们之间选择。（　　）问题是，其他人也要争抢这两个门出逃。（　　）你选择的门是很多人选择的，（　　）你将因人多拥挤、冲不出去而被烧死；（　　），如果你选择的是较少人选择的，（　　）你将逃生。这里我们不考虑道德因素，你将如何选择？这就是博弈论！

二 整体练习：

1. 800 字作文：《生活中的博弈》
   结构：
   第一部分：介绍博弈论
   第二部分：用博弈论分析生活中的一个例子
   第三部分：结论

2. 小组评改：
   (1) 小组成员念作文；
   (2) 其他成员提出修改建议。

 相关链接 ▶▶▶▶

在网上搜索"博弈论"一词，查找更多资料。

从这一课你学到了什么？

1. _____
2. _____

第十课 抗压与成功

学习目的

1. 阅读技巧：阅读与文章的背景知识。
2. 内容提示：压力与自杀现象。
3. 写作要求：夹叙夹议(1)：评论压力对人的影响。

热身问题

1. 有人有问题想不开，你怎么劝他？
2. 如果有人要自杀，你怎么办？

阅读 一

公 仔 面

 提示：阅读以前先做"个人理解"。

字数：948 字。

时间：7 分钟。

半夜两点多钟，他打电话回家。

"爸，我现在在离岛，我不会回家了，我对不起你们，会考考成那样,阿娟昨天又说要分手,我没脸再混下去了。"

爸爸静了好一会儿,缓缓地说:"你要这样,我也没办法,我也老了,到哪里找你去?你考得不好,大概是我们没有遗传给你天分;你给阿娟甩了,大概是我们把你生得太丑。错在我们,怨不得你!"

"爸,你们自己保重,我不能尽孝了。"

"我们的事你就别管了,但你要自杀,有两件事不可不注意。一是要穿戴整齐,别叫人笑话;二是别在人家的度假屋里,人家还要靠它赚钱呢!弄脏了地方,对人家不起。"

他想了想,说:"爸,你想得周到,我会照你吩咐的去做。"

爸爸说:"我没吩咐你做什么,我只吩咐你不要做什么。"

他感动了,这样的爸爸,天底下也真不多。

"爸,我最担心的是妈妈,我不敢打电话给她,你帮我编一个谎话,暂时骗骗她好吧?"

"生死大事都由不得我们了,这种小事倒计较来做什么?她不会怎么样的,总得活下去。我们不像你们,一辈子什么苦没吃过?早就铜皮铁骨了!都像你这样,考试成绩差一点,女朋友跑掉,就要死要活的,我们早就死掉几条命了,还等得到把你生下来?把你养这么大?还等得到三更半夜来跟你说这些不知所云的话?"

他给这几句话镇住了,半晌出不得声。

"爸,那就这样了……"他突然不知说什么好,"都半夜了,你怎么还没睡?"

"我今晚又失眠了,肚子饿,起来煮一包公仔面吃。"

"爸,你又吃公仔面!医生说老吃公仔面缺乏营养。"

"做人不要太认真。肚子饿就管不得医生了,没有鲍、参、翅,先拿一包公仔面顶顶饿也可以。"爸爸的口气突然轻松起来,"你知道吗?我发现了一种公仔面的新吃法,一包公仔面、四粒芝麻汤圆一起煮,香甜糯滑,味道妙不可言。从前都不知道公仔面有这么好的吃法。有时候,平平常常的东西,变个样子来吃,就吃出新味道来了。"

爸爸停了停,仿佛咂咂嘴,把方才的美味再体味一次,然后说:"不过跟你说这些都没用了。"

放下电话,他呆了好久。公仔面芝麻汤圆,那种新鲜的搭配简直有创造性,真亏得老爸想得出来!

或许是夜半的缘故,他肚子也饿了,想起老爸在家里独享家常美味,小小的客厅,窗台上有一盆云竹、一个日本人盛汤面的精瓷大海碗、一双黑漆描金纹尖头木筷子。他突然想:也许明天先试试这公仔面再说。

(改编自颜纯钩《公仔面》,《读者》2005 年第 14 期)

个人理解

按照你的理解完成对话:
(半夜,你和一个将要自杀的人的对话)
要自杀的人:我现在在离岛,我不会回家了,我对不起你们,会考考成那样,阿娟昨天又说要分手,我没脸再混下去了。
你:_____
要自杀的人:你们自己保重,我不能为你们做什么了。
你:_____
要自杀的人:我最担心的是妈妈,我不敢打电话给她,你帮我编一个谎话,暂时骗骗她好吧?
你:_____
要自杀的人:那就这样了……,再见!
你:_____

第十课 抗压与成功

阅读理解

一 选择正确答案：

1. 文中的儿子要自杀是因为：
   A. 长得不好看　　　　　　　B. 没有天分
   C. 被女朋友甩了　　　　　　D. 觉得没脸活下去了

2. 下面说到的父亲哪一点是正确的？
   A. 儿子要自杀,错在父亲　　　B. 吩咐儿子自杀时要注意两件事
   C. 一辈子吃过很多苦　　　　D. 和儿子对话的口气很轻松

3. 文中没有提到：
   A. 母亲对儿子自杀的态度
   B. 公仔面的新吃法
   C. 儿子和父亲对话后是否受到了影响
   D. 做人的态度

二 讨论下面课文中的几句话,说说它们的潜台词：

1. 你要这样,我也没办法,我也老了,到哪里找你去？
2. 你考得不好,大概是我们没有遗传给你天分；你给阿娟甩了,大概是我们把你生得太丑。错在我们,怨不得你！
3. 我们的事你就别管了,但你要自杀,有两件事不可不注意。
4. 我没吩咐你做什么,我只吩咐你不要做什么。
5. 生死大事都由不得我们了,这种小事倒计较来做什么？
6. 我们不像你们,一辈子什么苦没吃过？早就铜皮铁骨了！
7. 做人不要太认真。
8. 不过跟你说这些都没用了。

三 下面的句子带有方言特点,改写画线的部分：

1. 你<u>给</u>阿娟甩了,大概是我们把你生得太丑。
2. 弄脏了地方,<u>对人家不起</u>。
3. 生死大事都由不得我们了,这种小事<u>倒计较来做什么</u>。

4. 他给这几句话镇住了,半晌出不得声。
5. 肚子饿就管不得医生了。
6. 都像你这样,考试成绩差一点,女朋友跑掉,就要死要活的,我们早就死掉几条命了,还等得到把你生下来?

重点词语

1. 缓缓	(副)	huǎnhuān	slowly
2. 遗传	(动)	yíchuán	to pass down (heredity)
3. 甩	(动)	shuǎi	to dump; to throw off
4. 尽孝		jìn xiào	to fulfil one's duty to one's parents
5. 吩咐	(动)	fēnfù	to tell; to instruct
6. 天底下	(名)	tiāndǐxia	in the world; on earth
7. 计较	(动)	jìjiào	to haggle; to fuss about
8. 铜皮铁骨		tóng pí tiě gǔ	copper skins and iron bones—strongly built
9. 三更半夜		sān gēng bàn yè	in the dead of night
10. 不知所云		bù zhī suǒ yún	not understand what sb. is driving at
11. 镇	(动)	zhèn	to bring or keep sb. under control
12. 半晌	(名)	bànshǎng	quite a while
13. 鲍	(名)	bào	abalone
14. 参	(名)	shēn	sea cucumber
15. 翅	(名)	chì	shark's fin
16. 香甜糯滑		xiāngtián nuòhuá	fragrant and sweet, glutinous and smooth
17. 妙不可言		miào bù kě yán	too wonderful for words
18. 咂嘴		zā zuǐ	to lick one's lips
19. 精瓷	(名)	jīngcí	fine porcelain
20. 海碗	(名)	hǎiwǎn	big bowl
21. 金纹	(名)	jīnwén	golden line

第十课 抗压与成功

词语练习

一 选词填空：

三更半夜　天底下　甩　吩咐　尽孝
计较　咂咂嘴　镇　遗传　半晌

1. 很多动物的习性是(　　　)决定的。
2. 他每天跟着我,(　　　)都(　　　)不掉。
3. 经理(　　　)他的秘书给客人倒茶。
4. 我总是不能理解,(　　　)怎么有那么多怪人怪事啊!
5. 你们俩是兄弟,这点小事还(　　　)吗?
6. (　　　)的,你不睡觉,干什么呢?
7. 听了我的话,他(　　　)没有回答。
8. 新老师进教室以后说了一句话,把全班都(　　　)住了。
9. 他吃完了一大碗面,(　　　),好像还没吃够似的。
10. 中国人都认为子女应该为父母(　　　)。

二 反义词搭配：

静　　　急
缓　　　美
净　　　脏
丑　　　动
整齐　　紧张
轻松　　凌乱

三 从所给的词或词组中选择一个,完成句子：

1. 你独享美味,真(够、不够)朋友。
2. 这件事怨你,你(应该、不该)负责。
3. 因为你考虑得周到,这个任务完成得(十分、不太)顺利。
4. 这道菜妙不可言,厨师(一定、不一定)是个高手。
5. 听了这些不知所云的话,我(知道、不知道)怎么回答。

合作学习

小组讨论：
1. 文中的父亲是用什么样的方法劝解儿子的？
2. 父亲用的方法有用吗？为什么？

第十课　抗压与成功

热身问题

1. 你现在的压力来自哪些方面？
2. 你怎么对待自己的压力？

阅读 二

抗压与成功

提示： 画出每段的重点句。
字数： 814 字。
时间： 6 分钟。

关于青春的消息并不总是诗意和充满生机的。近段时间，大学生或其他青年人自杀的消息频频见于媒体，似乎在表明：现在的年轻人抗压能力较差。

这也难怪，所有人在社会急剧变革期都会遇到各种困惑和难以解开的疙瘩，年轻人更甚，因为他们面临的压力更大。由于刚刚走向成熟或自以为成熟，对于社会、人生、工作、婚恋和事业都充满渴望和美好。然而，现实的无情却屡屡撕碎年轻人的人生蓝图，并粉碎他们关于未来的美梦。

比如，就业的屡屡碰壁，学校与社会现实的严重脱节，书本知识与实际知识的不兼容，情感的挫折，人际关系的复杂与险恶等等，都会让年轻人心头感

到有难以承受的千钧压力，由此备感压抑。

北京心理危机研究与干预中心公布的中国人的八大自杀危险因素分别为：抑郁程度重、有自杀未遂史、死亡当时急性应激强度大、生命质量低、慢性心理压力大、死前两天有严重的人际关系冲突、有血缘关系的人有过自杀行为、朋友或熟人有自杀行为。这种种因素既有个人的原因，也有客观的社会因素，但无论是个人还是客观原因，由于抗压能力差，才使得人们，尤其是年轻人提前结束自己的生命。

当生命都不被重视，当生命没有任何光彩，成功只是一种奢谈。也因此，只有能抗压才能成功。往往成功的程度和大小与抗压能力的强弱成正比。心理素质的稳定和抗压能力强是在生活中慢慢锻炼和积累起来的。抗压能力并非是遇到困难和问题时要去硬碰硬地拼个鱼死网破，而是要不断地修正自己的生活目标。每个人最初在设计自己的人生蓝图时都会趋于完美和理想化，而这样的蓝图往往难以实现，或难以在短期内成为现实。如果实现不了，心理压力就会很大。这时就需要修正目标。

随时修正目标不仅能减轻人的压力，而且是人必须掌握的另一种生存能力。把原来一步达不到的目标分为两步或三步时，也就更容易达到。这时，就会既肯定自己的价值和能力，又使自己的心灵获得愉悦和满足，并较长时间地保持自信，一步一步地攀登生活和事业的高峰。

（改编自简岩《抗压与成功》，《百科知识》2005年第7期）

个人理解

1. 读这篇文章时，你有哪些联想？
2. 读这篇文章时你的心情是什么样的？
3. 你对哪些句子印象深刻？
4. 你同意作者的观点吗？为什么？

第 十 课　抗压与成功

阅读理解

一　选择正确答案：

1. 下面哪个不是年轻人面临更大压力的原因？
   A. 对于社会、人生、工作、婚恋和事业都充满渴望和美好
   B. 有梦想
   C. 现实和理想不一致
   D. 已经成熟

2. 作者表达的主要观点是：
   A. 随时修正目标能够减轻压力
   B. 现在的社会给年轻人的压力太大
   C. 中国人有八大自杀因素
   D. 要想取得成功一定要有抗压能力

3. 下面哪句话不对？
   A. 自杀现象的增加主要是社会的客观因素造成的
   B. 自杀者会受到亲人或熟人自杀的影响
   C. 抗压能力并非面对所有的困难都不"退缩"
   D. 把大目标划分成小目标比较容易达到

二　用自己的话改写下面的句子：

1. 关于青春的消息并不总是诗意和充满生机的。

2. 近段时间,大学生或其他青年人自杀的消息频频见于媒体。

3. 然而,现实的无情却屡屡撕碎年轻人的人生蓝图,并粉碎他们关于未来的美梦。

4. 当生命都不被重视,当生命没有任何光彩,成功只是一种奢谈。

三　回答问题：

1. 文章从哪些方面论证了"现在的年轻人抗压能力较差"这个观点？
2. 文章从哪些方面论证了"只有能抗压才能成功"这个观点？

 重点词语

1. 生机	（名）	shēngjī	life; vitality
2. 急剧	（形）	jíjù	rapid; sudden
3. 疙瘩	（名）	gēda	a knot in one's heart
4. 屡屡	（副）	lǚlǚ	repeatedly
5. 碰壁		pèng bì	to run up against a stone wall
6. 脱节	（动）	tuōjié	to disjointed
7. 兼容	（动）	jiānróng	to be compatible
8. 挫折	（名）	cuòzhé	frustration
9. 险恶	（形）	xiǎn'è	dangerous; perilous
10. 千钧	（数量）	qiānjūn	a hundredweight
11. 压抑	（动）	yāyì	constrained; oppressed
12. 干预	（动）	gānyù	to interfere
13. 应激	（动）	yìngjī	psychological stress
14. 血缘	（名）	xuèyuán	ties of blood
15. 奢谈	（动）	shētán	extravagant claims; unreasonable demands
16. 鱼死网破		yú sǐ wǎng pò	either the fish dies or the net get torn— a life-and-death struggle
17. 修正	（动）	xiūzhèng	to correct; to amend
18. 蓝图	（名）	lántú	blueprint
19. 愉悦	（形）	yúyuè	joyful; cheerful
20. 攀登	（动）	pāndēng	to climb

第十课　抗压与成功

词语练习

一　根据课文给画线的词语选择恰当的解释：

1. 关于青春的消息并不总是诗意和充满生机的。
   A. 生存的机会　　B. 机灵　　　　C. 生活　　　D. 活力

2. 所有人在社会急剧变革期都会遇到各种困惑和难以解开的疙瘩。
   A. 着急　　　　　B. 急速而剧烈　C. 巨大　　　D. 快速

3. 大学毕业生就业屡屡碰壁。
   A. 遇到严重阻碍　　　　　　　　B. 碰到墙壁
   C. 困难　　　　　　　　　　　　D. 受到批评

4. 当前，学校与社会现实脱节的情况仍然十分严重。
   A. 超脱　　　　　B. 达不到水平　C. 没有联系　D. 不一致

5. 情感的挫折，人际关系的复杂与险恶等等，都会让年轻人心头感到有难
   以承受的千钧压力，由此备感压抑。
   A. 苦闷　　　　　B. 抑郁　　　　C. 压迫　　　D. 情感受到限制

6. 当生命都不被重视，当生命没有任何光彩，成功只是一种奢谈。
   A. 要求过高的　　　　　　　　　B. 不符合实际的要求
   C. 过分的谈话　　　　　　　　　D. 费心思的谈话

7. 北京有一家"心理危机研究与干预中心"。
   A. 预防　　　　　B. 介入　　　　C. 干扰　　　D. 预备

8. 抗压能力并非是遇到困难和问题时要去硬碰硬地拼个鱼死网破。
   A. 没有结果　　　B. 死亡　　　　C. 破坏　　　D. 双方一起毁灭

9. 中国人的八大自杀危险因素分别为：抑郁程度重、有自杀未遂史等。
   A. 满意　　　　　B. 没有达到目的　C. 不喜欢　　D. 于是

10. 死亡当时急性应激强度大也是自杀的危险因素。
　　A. 十分激动　　B. 应付变化　　C. 感到刺激　　D. 心理压力

二 填动词：
　　（　　）生机　（　　）疙瘩　（　　）媒体　（　　）困惑
　　（　　）压抑　（　　）蓝图　（　　）成熟　（　　）目标

三 从所给的词或词组中选择一个，完成句子：
1. 现在社会压力大，年轻人更甚，困难更（多、少）。
2. 他找工作屡屡碰壁，（一定、不一定）有很多感想。
3. 这个软件和你的电脑不兼容，你（可以、不能）用我的。
4. 这几天他遇到了难以解开的疙瘩，十分（苦闷、轻松）。
5. 那位男同学频频约她，（一定、不一定）对她有好感。
6. 硬碰硬通常（会、不会）有好结果。
7. 自以为成熟的人（更、不）容易碰壁。
8. 这笔钱数目可观，买台电脑（没问题、不容易）。

小组讨论：
生活中的压力和抗压方法。

第十课 抗压与成功

一 片段练习：

把下面的句子重新排序并加上连接词，组成一个段落：
① 年轻人心头感到有难以承受的千钧压力，由此备感压抑
② 当生命都不被重视，当生命没有任何光彩，成功只是一种奢谈
③ 在社会急剧变革期会遇到各种困惑和难以解开的疙瘩
④ 大学生和青年人自杀的消息频频见于媒体
⑤ 年轻人都追求成功

1. (　　　)_____

2. (　　　)_____

3. (　　　)_____

4. (　　　)_____

5. (　　　)_____

二 整体练习：

以"生活中的压力"为内容，自拟题目，按照下列步骤写作：
1. 列出提纲
2. 写800字作文
3. 小组评改：
   (1) 小组成员念作文；
   (2) 其他成员提出修改建议。

 相关链接 ▶▶▶▶

找一本有关心理健康的杂志阅读。

从这一课你学到了什么？

1. _____

2. _____

第十一课　友情与爱情

学习目的

1. 阅读技巧：做边记，写要点。
2. 内容提示：友情与爱情。
3. 写作要求：夹叙夹议(2)：分析加实例论证一个观点。

热身问题

1. 你的朋友是哪些类型的？
2. 你和朋友相处碰到过哪些问题？

阅读 一

朋　　友

提示：画出文章是从几个方面论述的，并记下要点。

字数：679字。

时间：5分钟。

　　只有深深了解你弱点的人才能成为你的忠实朋友。友情的深浅不仅在于那位朋友对你的才能钦佩到什么程度，更在于他对你的弱点容忍到什么程度。

比你太强的人,成不了你的朋友。比你太弱的人,你又不屑于和他做朋友。只有与你质量相仿佛的人,最容易成为你的朋友。因此,谁是你的朋友,谁就是你的生命尺度。

朋友越多,你也得越多地为朋友忙碌,也就是将自己的生命细细地剁碎给朋友们分享。而忙碌的结果却是朋友越忙越多,你的朋友总是你日复一日忙碌出来的,不愿忙碌的人,连旧日的朋友也会逐渐失散。不愿将自己剁碎给朋友的人,保持了自身的完整,也陷入无援的孤独。完整本身就意味着孤独。

被朋友所伤害往往格外地痛。因为自己受伤害的地方总是最娇嫩的地方,伤害自己的人又是最不应该的人,自己对这伤害又完全没有防备……被朋友伤害所引起的精神痛楚远多于现实的打击,其中又有相当大部分被受伤的自尊心夸张了。

"人生得一知己足矣"。这种对朋友数量的最低要求,恰恰是对朋友质量的最高期待。

朋友之间的第一要素是理解。然而在现实生活中,我们经常看到,两个人没来得及理解对方就已经迫不及待地成为朋友了。这种友情越深误会也就越深,误会积累到一定程度,友情将反过来伤害双方。甚至受伤之后他们还不知道为什么受伤。糊涂的友情比清晰的仇恨更可怕。

友情的第二要素是平等。即使两个人地位悬殊,精神方面却一定得平起平坐。这个朋友再强大也不能俯视那个朋友,那个朋友再渺小也不应该崇拜这个朋友。

与朋友相交,最困难的就是保持一定的距离。在这个距离下,既不至于冷淡了朋友,也不至于损失了自己的独立。

(改编自朱苏进《独自散步》,解放军文艺出版社,1997)

第十一课　友情与爱情

个人理解

1. 读这篇文章时,你有哪些联想?
2. 读这篇文章时你有同感吗?
3. 你对哪些句子印象深刻?

阅读理解

一　选择正确答案:

1. 能成为忠实的朋友是因为:
   A. 互相钦佩　　　　　　　　B. 有才能
   C. 互相容忍弱点　　　　　　D. 友情的深浅一样

2. 你的朋友通常:
   A. 和你是同类人　　　　　　B. 不屑于和太强的人成为朋友
   C. 有些比较弱　　　　　　　D. 了解你的生命尺度

3. 有很多朋友的人通常:
   A. 会失散一些旧日的朋友　　B. 日复一日地忙碌
   C. 不完整也不孤独　　　　　D. 把自己剁碎了

4. 被朋友伤害而感到痛苦是因为:
   A. 自尊心太强
   B. 在不知道的情况下被不该伤害自己的人伤害
   C. 精神痛楚大于现实打击
   D. 自己很娇嫩

5. 下面哪个不是友情的要素?
   A. 了解以前不要急于成为朋友　　B. 不要互相看不起
   C. 不要积累误会　　　　　　　　D. 不要找强大的朋友

二　文章谈到了几个问题？

☐ 1. 什么样的人能成为朋友。
☐ 2. 怎样了解朋友的弱点。
☐ 3. 怎样维持友谊。
☐ 4. 怎样保持自身的完整。
☐ 5. 不孤独的方法。
☐ 6. 被朋友伤害的原因。
☐ 7. 友情的要素。
☐ 8. 保持距离的重要性。

 重点词语

1. 钦佩	（动）	qīnpèi	to admire
2. 容忍	（动）	róngrěn	to tolerate; to put up with
3. 不屑于		búxièyú	to disdain to do sth.; to think sth. not worth doing
4. 仿佛	（动）	fǎngfú	to be more or less the same; to be alike
5. 剁碎	（动）	duòsuì	to chop
6. 失散	（动）	shīsàn	to be separated from and lose touch with each other
7. 无援	（动）	wúyuán	cut off from help
8. 娇嫩	（形）	jiāonèn	tender; delicate
9. 防备	（动）	fángbèi	to take precautions against
10. 痛楚	（形）	tòngchǔ	pain; suffering
11. 自尊心	（名）	zìzūnxīn	self-esteem
12. 迫不及待		pò bù jí dài	too impatient to wait
13. 糊涂	（形）	hútu	muddled; confused
14. 悬殊	（形）	xuánshū	a great disparity; a wide gap
15. 俯视	（动）	fǔshì	to look down
16. 渺小	（形）	miǎoxiǎo	tiny; negligible
17. 崇拜	（动）	chóngbài	to worship, to adore
18. 冷淡	（动）	lěngdàn	to give sb. clod shoulder

 **词语练习**

一　选词填空：

钦佩　失散　无援　仿佛　娇嫩　剁碎
容忍　防备　迫不及待　痛楚　崇拜　不屑于

1. 他们俩年龄相(　　　)，分不出谁大谁小。
2. 找到了(　　　)多年的姐姐，他激动万分。
3. 你没有失过恋，不能体会失恋时内心的(　　　)。
4. 家长都认为小孩说谎是不能(　　　)的行为。
5. 她在西部贫困地区志愿工作了很多年，真令人(　　　)。
6. 考试结果出来了，他(　　　)地想知道自己的成绩。
7. 很多人都认为，独生子女过于(　　　)，经不起风吹雨打。
8. 她总觉得自己很强，(　　　)和不如她的人做朋友。
9. 和所有的人都吵翻了，他陷入了孤独(　　　)的境地。
10. 我从来不(　　　)明星，不是追星族。
11. 你把白菜和肉都(　　　)，我们包饺子。
12. 这场雨下得太突然了，我们没有(　　　)，都淋湿了。

二　从所给的词或词组中选择一个，完成句子：

1. 自尊心(太强、太弱)的人一般听不进别人的批评。
2. 他是个糊涂人，做事常常(很有、没有)条理。
3. 她总觉得自己很渺小，(愿意、不愿意)和有地位的人来往。
4. "俯视"通常带有(看不起、尊敬)的意思。
5. 他平时对人很冷淡，可能(会、不会)关心这件事。
6. 这个人说话总是很夸张，你(可以、不能)完全相信他的话。
7. 他们俩条件太悬殊了，(不太、很有)可能成为夫妻。
8. 她认为把时间花在聊天上是一种损失，所以(很、不)愿意闲聊。

合作学习

小组讨论：
1. 朋友可以分成哪些类型？
2. 和不同类型的朋友如何相处？

热身问题

1. 你对爱情有什么看法,可以用一句话来概括吗?
2. 爱和恨有什么关系?

阅读 二

爱　恨

提示:注意文章中的比喻。
字数:811字。
时间:6分钟。

　　爱恨是玻璃板上的两滴水,有时混在一起,分不出彼此,有时经过时间的蒸发,全不见了。
　　不过,这是一般的爱恨,凡人的爱恨。有些不寻常的爱恨,爱得愈深,恨得愈久。当然,爱恨无定律,也有一种爱,爱到深处无怨尤。所谓无怨尤,就是当事人已在心底将悲恨转为大爱了。
　　男女之间的爱情到底如何产生?一见钟情之外,朝夕相处,长久厮磨,爱就产生了。
　　爱情神秘,恋人近在咫尺,双方未必会有感觉,等到远在天涯,反而七拐八弯,却突然谈起恋爱,所谓千里姻缘一线牵。无论爱情的花最后有无结果——结婚、同居或分手——爱的起源离不开缘。有缘千里来相会,相会之后,擦出爱的火花。
　　至于恨,是爱的孪生兄弟,经常联系在一起,纠缠不清。
　　爱恨情仇,就像日升日落——同一个太阳,有时升起来,有时落下去。爱情会产生仇恨,甚至爱到白刀子进红刀子出。
　　大自然的风雨阴晴, 就是男女之间的甜酸苦辣——一旦搅和

第十一课　友情与爱情

在一起,再想区分开来,回到各自最初的原味,是绝无可能的。

当然,男女也有分手分得漂亮的,从爱情升华为友情,默默在旁给予祝福或帮助,达到这种境界,无论男女,几乎都是天使。大多数的爱情结局不堪闻问,凡人的世界,爱情总是蒙尘居多。

作家王鼎钧说:"爱情是我们内心深处的千回百转不舍昼夜。"他为爱情写过一整本书,书名《意识流》。

日思夜想的爱让人消瘦;爱到无奈而分离,有时也让人发胖。失恋的人常以吃来泄恨,愈恨愈吃,愈吃愈胖。爱情无解,爱得不够会分手,爱得过头,也会因误解而分离。

爱情无理,才会生恨。爱情神圣,有时无限怨尤,反而变成相思,相思由泪成河,但仍然不让对方知道,宁愿独自哭泣。

如果把我们流在血液里的爱情抽走,我们的身体会怎么样?人会变得难看。到小说和电影里旁观爱恨,爱恨变成艺术,反倒会让我们回味,甚至美化自己的爱情。

甜蜜的,是爱情;痛苦的,仍然是爱情。珍惜自己曾经的付出,爱情还是美好的。

爱情到最后如果只剩恨,那是人间最大的遗憾。懂得爱的人,不会让人生变成空白。

(选自隐地《爱恨》,《读者》2005年第1期)

个人理解

1. 读这篇文章时,你有哪些联想?
2. 你对哪些句子印象深刻?
3. 你同意作者的观点吗?为什么?

阅读理解

一　选择正确答案：

1. 下面哪一种爱是大爱？
   A. 爱到深处无怨尤　　　　　　　B. 爱无定律
   C. 爱得愈深，恨得愈久　　　　　D. 爱恨交织，不分彼此

2. 下面哪个不是产生爱情的方式？
   A. 千里姻缘一线牵　　　　　　　B. 一见钟情
   C. 朝夕相处，长久厮磨　　　　　D. 近在咫尺

3. 大多数情人分手的结果是：
   A. 从爱情升华为友情　　　　　　B. 有很多灰尘
   C. 关系不好　　　　　　　　　　D. 成为天使

4. 下面哪个是作者想要表达的主要观点？
   A. 爱和恨是不可分离的
   B. 恋人们恋爱的方式不同，结果也不同
   D. 爱情是没有原因的
   D. 分手会导致不好的结果

二　用自己的话解释下面的句子：

1. 有缘千里来相会，无缘对面不相识。
2. 爱情会产生仇恨，甚至爱到白刀子进红刀子出。
3. 爱情是我们内心深处的千回百转不舍昼夜。
4. 凡人的世界，爱情总是蒙尘居多。
5. 懂得爱的人，不会让人生变成空白。

三　回答问题：

1. 什么样的爱是大爱？
2. 爱和恨是什么关系？
3. 恋人分手的最高境界是什么？

第十一课　友情与爱情

 重点词语

1. 怨尤	（名）	yuànyóu	hate; resentment
2. 当事人	（名）	dāngshìrén	person (or party) concerned
3. 长久厮磨		chángjiǔ sīmó	to have close relationship for a long time
4. 近在咫尺		jìn zài zhǐchǐ	near at hand
5. 远在天涯		yuǎn zài tiānyá	far at the end of the world
6. 姻缘	（名）	yīnyuán	the happy fate which brings lovers together
7. 孪生	（形）	luánshēng	twinborn
8. 纠缠	（动）	jiūchán	to get entangled
9. 搅和	（动）	jiǎohuo	to mix; to mingle
10. 升华	（动）	shēnghuá	to sublime
11. 境界	（名）	jìngjiè	state; realm
12. 蒙尘		méng chén	to be covered with dust—to be subjected to impurity
13. 千回百转		qiān huí bǎi zhuǎn	full of twists and turns
14. 不舍昼夜		bù shě zhòu yè	day and night; round the clock
15. 意识流	（名）	yìshiliú	stream of consciousness
16. 回味	（动）	huíwèi	to call sth. to mind and ponder over it

 词语练习

一　选词填空：

　　当事人　姻缘　升华　境界　搅和　纠缠
　　意识流　孪生　空白　蒸发　回味

1. 事故发生的时候,我的脑子一片(　　　)。
2. 这部小说用的是(　　　)的写法,没有逻辑性。
3. 我还在(　　　)他刚才讲的故事,真令人感动。
4. 电视剧中,这一段郎才女貌的(　　　)结束了,太遗憾了。

5. 在这个案件中,双方(　　　)的法律意识都很淡薄,导致了悲剧的发生。
6. 他们虽然不是(　　　)兄弟,但是每天形影不离。
7. 出了事故后,他好像在人间(　　　)了,再也没有露过面。
8. 这件事本来就够复杂的了,你就别再(　　　)了。
9. 苦难和挫折往往能够使人(　　　),达到一种更高的(　　　)。
10. 别再(　　　)这些小事了,把时间和精力用在大事上吧。

二 改写下面句子中画线的词语:

1. 经过了生活中的<u>风雨阴晴</u>,他懂得了很多道理。

2. 二十年的<u>长久厮磨</u>使他们的生活归于平淡,没有了激情。

3. 男女之间的<u>甜酸苦辣</u>,当事人自己都说不清楚。

4. 虽然这种感情通常<u>有花无果</u>,但还是有人为之付出。

5. 爱恨情仇就像<u>日升日落</u>。

小组讨论:
1. 你对爱情的看法。
2. 怎么对待失恋。

第十一课　友情与爱情

整体练习：

以"爱情"或"友情"为内容，自拟题目，按照以下步骤写作：

1. 写出你对"爱情"或"友情"的几个观点：

　　(1) _____

　　(2) _____

　　(3) _____

2. 你或他人的实例

3. 根据以上观点和实例列出提纲：

　　论点：_____

　　论证：_____

　　结论：_____

 相关链接 ▶▶▶▶

阅读朱苏进《独自散步》。

从这一课你学到了什么？

1. _____

2. _____

第十二课 儿时的季节

学习目的

1. 阅读技巧：注意作者的语气。
2. 内容提示：小孩与成人的区别。
3. 写作要求：自由写作。

热身问题

1. 你的儿时有哪些趣事？
2. 现在的儿童生活和以前有哪些不同？

阅读 一

儿时的季节

提示：画出文中对玩儿的描写。
字数：900字。
时间：7分钟。

我记得，儿时的季节不是按春夏秋冬的顺序排定的。春天是燕子季，夏天是蝈蝈季，秋天是蟋蟀季，冬天是乌鸦季。我的童年都是

第十二课 儿时的季节

在故乡小城里度过的,从家里走出来几分钟就是城门,出了城门就是田野;即使是日本侵略军占领时期,季节也还是分明的。燕子吱吱叫着飞来了,落在门楣上,偏着头揣摩着主人们的态度:今年还会让我们两夫妻在这儿生儿育女吗?主人们善意的笑容使得它们欣喜若狂,立即千百次地飞

来飞去,衔泥筑巢,忙碌不已——这就是我的燕子季。孩子们成群结队地奔向刚刚返青的草地、树林和山溪,追逐蝴蝶,捕捞蝌蚪。当小燕子能够飞出巢,和老燕子一起捕捉小飞虫的时候,田垄的蝈蝈叫了。蝈蝈季宣告开始,孩子们更加放任和自由了。除了在水里打扑通的时间,就是编蝈蝈笼,捉蝈蝈,喂蝈蝈,赛蝈蝈。蝈蝈的热闹伴随着我所有的欢乐与痛苦。当蝈蝈不再振翅欢唱的时候,墙缝里出现了新的、彻夜不倦的歌手,那就是蟋蟀。蟋蟀季更加热闹,它能够让孩子们忽略了桂花的清香,无视枫叶的艳丽。白天,孩子们集中在街角里,竞相展示各自拥有的五虎上将,蟋蟀的战斗打得难舍难分。一天下来,有人欢喜有人愁。残兵败将虽然缺了胳膊断了腿,却因祸得福,有了自由,爬到某一块瓦片下寂寞地舔着自己的伤,连呻吟都没有,所以再也不会被征召入伍了。夜间,我和孩子们不约而同地走向坟地。因为大家都认为,坟地里的蟋蟀,十有八九都是猛将。那时我是个最怕鬼的人,但一听见蟋蟀的歌唱,就把鬼给忘掉了。我弯着腰,专心致志在侧耳倾听。夜晚越来越寂静了,一出门就冻得打哆嗦。在撒尿都尿不出一条直线来的时候,我——不但是我,所有的孩子对蟋蟀的热情都骤然冷却。田野渐渐空旷了,不知哪儿来的这么多乌鸦,哇哇叫着在光秃秃的、收割完了的田地里迈着方步。大人们最反感这些黑色的鸟,听不得它们的喊叫。孩子们才不在乎呢!从家里偷点粮食装在衣袋里,在野外喂乌鸦,喂得很吝啬。与其说是喂,不如说是为了引诱它们越来越多地尾随在自己身后,过过大军统帅的瘾。特别是落雪天,一个孩子率领一支黑

色的大军,浩浩荡荡地在洁白的雪原上挺进。请想一想,那黑白分明的画面,多么威武!多么雄壮!又是多么美啊!

(改编自白桦《儿时的季节》,《读者·人文读本》,2004)

个人理解

1. 读这篇文章时,你有哪些联想?
2. 读这篇文章时你的心情是什么样的?
3. 你对哪些句子印象深刻?
4. 作者对儿时季节的描写有哪些特点?

阅读理解

一 根据课文判断正误:

☐ 1. 作者的儿时季节没有春夏秋冬。
☐ 2. 主人们允许燕子在房子上筑巢。
☐ 3. 燕子季的主要活动是抓蝴蝶和蝌蚪。
☐ 4. 蝈蝈季的主要活动是游泳。
☐ 5. 蟋蟀季主要是闻桂花,看枫叶。
☐ 6. 打败了的蟋蟀会被孩子们放掉。
☐ 7. 孩子们认为坟地里的蟋蟀最勇敢。
☐ 8. 蟋蟀季是最冷的季节。
☐ 9. 乌鸦喜欢在空旷的田野里散步。
☐ 10. 孩子们喜欢乌鸦,所以总是给乌鸦喂很多吃的。

二 根据课文填表:

	地点	动物的活动	孩子的活动
燕子季			
蝈蝈季			
蟋蟀季			
乌鸦季			

三 回答问题：

1. 孩子们四季说明了什么？
2. 作者在文章里表达了什么样的感情？

 重点词语

1.	蝈蝈	（名）	guōguo	long-horned grasshopper
2.	蟋蟀	（名）	xīshuài	cricket
3.	门楣	（名）	ménméi	lintel (of a door)
4.	揣摩	（动）	chuǎimó	to try to figure out
5.	衔泥		xián ní	to carry bits of earth in bill
6.	筑巢		zhù cháo	to build nests
7.	成群结队		chéng qún jié duì	in crowds
8.	蝌蚪	（名）	kēdǒu	tadpole
9.	扑通	（象声）	pūtōng	splash; pit-a-pat
10.	忽略	（动）	hūlüè	to ignore; to overlook
11.	枫叶	（名）	fēngyè	maple leaf
12.	难舍难分		nán shě nán fēn	hard to part with (a person, place etc.)
13.	残兵败将		cán bīng bài jiàng	remnants of a defeated army
14.	因祸得福		yīn huò dé fú	derive gain from misfortune
15.	呻吟	（动）	shēnyín	groan; moan
16.	征召入伍		zhēngzhào rù wǔ	to recruit
17.	骤然	（副）	zhòurán	suddenly; abruptly
18.	冷却	（动）	lěngquè	to become or make cool
19.	空旷	（形）	kōngkuàng	open; spacious
20.	反感	（形）	fǎngǎn	to be disgusted with; to be averse to
21.	引诱	（动）	yǐnyòu	to allure; to tempt
22.	尾随	（动）	wěisuí	behind
23.	统帅	（名）	tǒngshuài	commander
24.	浩浩荡荡		hàohàodàngdàng	vast and mighty
25.	威武	（形）	wēiwǔ	powerful; mighty

词语练习

一 选词填空：

揣摩　成群结队　难舍难分　残兵败将　尾随　引诱
呻吟　征召入伍　因祸得福　浩浩荡荡　骤然　空旷

1. 听着他在病床上（　　　），我心里十分痛苦。
2. 我（　　　）了半天，也没明白他的意思。
3. 今年有不少大学毕业生被（　　　），到部队去接受锻炼。
4. 虽然没考上大学，但是他（　　　），找到了一份非常好的工作。
5. 游行队伍（　　　）地走过广场。
6. 他就要去中国留学了，和女朋友（　　　）。
7. 刚刚打完比赛，看到他们这一帮（　　　），就知道他们输了。
8. 一到三九，天气（　　　）冷了下来，街上人也少了。
9. 为了抓住这个犯罪团伙，警察（　　　）小偷到了他们住的地方。
10. 放假了，校园里显得一下子（　　　）了。
11. 骗子总是用小恩小惠（　　　）人们上当受骗。
12. 春节时，人们（　　　）地来逛庙会，热闹极了。

二 从所给的词或词组中选择一个，完成句子：

1. 他对孩子十分放任，(是、不是)一个严格的父亲。
2. 他们的感情冷却下来以后，(会、不会)发现彼此的缺点。
3. 他一向对这种活动很反感，(会、不会)参加。
4. 由于忽略了很多细节，这个研究结果(会、不会)被认可。
5. 无视别人的感受，就(会、不会)有良好的沟通。
6. 这个人一向黑白分明，(会、不会)说模棱两可的话。

合作学习

分享童年游戏。

热身问题

1. 你喜欢小孩吗？为什么？
2. 你认为大人和小孩有什么不同？

阅读 二

小　孩

提示：注意文中作者的语气。
字数：1097 字。
时间：9 分钟。

　　小孩是人群中的矮人族，他们直立行走，但更多的时候是趴着。他们热爱土地，热爱自由，以玩为生活的主要内容，一脑子玩的思想。小孩的眼睛长得和大人不同，随时能看见大人看不见的东西，如一些微生物，一些飞行物，各类甲虫，并立即与之厮混在一起，不觉得自己跟这些东西有什么两样。小孩的耳朵也设计得很特别，随时听不见大人的呼喊。小孩是天生的自然主义者，他们以为自己降临到这个世界就是专门来玩的。

　　小孩有自己的社会组织，分布于各地。一个小孩无论走到哪里，都能用个人方式飞快地找到组织，并积极向组织靠拢。这个组织一向从事逃避成人社会的管束，破坏大人的规矩，把家长的话当做耳边风等一系列抵抗活动，主要表现在每天集体把衣服弄脏。小孩普遍崇尚不修边幅，经常反穿鞋子，衣冠不整，以区别于成人社会的衣冠楚楚，道貌岸然。小孩以为以一身肮脏换取快乐是再值不过的，何况衣服是大人花钱买的，钱本来就是脏的。一群小孩中最脏的那几个往往是组织里的核心人物，负责领导大家四处寻找乱七八糟的地方作为据点。他们活跃于沙坑、泥堡，啸聚于砖垛、石堆，潜伏于草丛、墙脚，在这些地带摸爬滚打。由于他们刚从天堂来到世界不久，我们只好相信小孩惯常出没的地带与天堂里的情形大致相同。

小孩与小孩有福同享，有块饼干大家啃，一粒糖果大家轮着舔。小孩喜欢很神秘地藏在某处，像鸵鸟一样把整个屁股都露在外面，自以为藏得很严实。小孩口袋里的宝贝，在大人看来全是废物，那是一些石块，一些铁片、木棒、皮筋和瓶盖，不知他们留有何用。小孩要把相当一部分精力投注到一些创世纪的活动中。他们用吐唾液和撒尿的方式和泥，捏出许多小泥人。一个新的世界就这样诞生了。

你是大人，小孩敢做的事情你不一定敢做。小孩敢在任何场合号啕大哭，你不敢；小孩敢用脏屁股坐到家中洁净的沙发和床上，或站在玻璃茶几上往下跳，你也不敢；小孩还敢把你公司的重要文件折成纸飞机、小船，用来飞翔和航行，甚至撕成雪花乱撒。这个打死你也不敢。

成人比小孩只不过把表面的不洁净藏到内心。每一个成人都怀念童年，却再也回不到童年了。所谓"返老还童"，所谓"童心未泯"，只不过是成人的追求和希望达到的境界。小孩的天真、纯洁、无私、诚实以及坦率，永远都是成人社会的一面镜子。

每一个小孩都要告别自己的时代，走向成人社会。这是小孩悲剧的开始。说谎，是小孩进入成人世界的第一个标志；吃独食表明小孩在继续长大，为第二个标志；知道了钱的用处并利用它，是第三个标志。这样的小孩已经开始脱离集体的社会组织。有朝一日，昔日的小孩朝你走来，他们身材高挑、风度翩翩、仪态万方、举止得体，你就知道他们已经彻底沦落为成人。

(改编自李刚《小孩》，《读者》2005年第19期)

第十二课　儿时的季节

个人理解

1. 读这篇文章时,你有哪些联想?
2. 读这篇文章时你的心情是什么样的?
3. 你对哪些句子印象深刻?
4. 你认为作者在写法上有什么特点?

阅读理解

一　文章中指出的小孩和大人的不同点及不同的原因是：

	小孩	大人	原因
1			
2			
3			
4			
5			

二　改写下面句子中画线的部分：

1. 小孩经常把家长的话当成<u>耳边风</u>。

2. 小孩还敢把你公司的重要文件折成纸飞机、小船,用来飞翔和航行,甚至撕成雪花乱撒。这个<u>打死你也不敢</u>。

3. 小孩以为以一身肮脏换取快乐是<u>再值不过</u>的。

4. 一个小孩无论走到哪里,都能用个人方式飞快地找到组织,并<u>积极向组织靠拢</u>。

5. 由于他们刚从天堂来到世界不久，我们只好相信小孩惯常出没的地带与天堂里的情形大致相同。

6. 有朝一日，昔日的小孩朝你走来，他们身材高挑、风度翩翩、仪态万方、举止得体，你就知道他们已经彻底沦落为成人。

三、回答问题：

1. 为什么说"小孩是天生的自然主义者"？
2. 举例说明小孩的天真、纯洁、无私、诚实以及坦率这些特点。
3. 为什么说走向成人社会是小孩悲剧的开始？

 重点词语

1.	微生物	（名）	wēishēngwù	microorganism
2.	厮混	（动）	sīhùn	to play around with sb
3.	靠拢	（动）	kàolǒng	to draw close
4.	管束	（动）	guǎnshù	to restrain; to control
5.	崇尚	（动）	chóngshàng	to uphold; to advocate
6.	衣冠楚楚		yīguān chǔchǔ	be immaculately dressed
7.	道貌岸然		dàomào ànrán	pose as a person of high morals
8.	沙坑	（名）	shākēng	sandpit
9.	泥堡	（名）	níbǎo	mud fortress
10.	砖垛	（名）	zhuānduò	brick pile
11.	摸爬滚打		mō pá gǔn dǎ	to play wildly
12.	出没	（动）	chūmò	to appear and disappear
13.	有福同享	（动）	yǒu fú tóng xiǎng	to share joys
14.	鸵鸟	（名）	tuóniǎo	ostrich
15.	皮筋	（名）	píjīn	rubber band
16.	唾液	（名）	tuòyè	saliva
17.	号啕大哭		háotáo dà kū	to cry loudly

第十二课　儿时的季节

18. 返老还童		fǎn lǎo huán tóng	to recover one's youthful vigour
19. 童心未泯		tóngxīn wèi mǐn	(of a grown-up, esp. an aged person) still preserve traces of childishness or a childlike innocence
20. 身材	（名）	shēncái	stature
21. 高挑	（形）	gāotiāo	tall and lanky
22. 风度翩翩		fēngdù piānpiān	have an elegant and smart carriage
23. 仪态万方		yítài wànfāng	(of a beauty) appear in all one's glory
24. 举止得体		jǔzhǐ détǐ	to deport oneself in a decent manner
25. 沦落	（动）	lúnluò	to fall low; to come down in the world

词语练习

一　选词填空：

童心未泯　摸爬滚打　管束　崇尚　沙坑
仪态万方　风度翩翩　厮混　出没　沦落

1. 这个孩子不上学，每天和一帮大孩子(　　　)，怎么办啊？
2. 没有父母和老师的(　　　)，孩子们能自觉地学习吗？
3. 这一带常有毒蛇(　　　)，一定要小心。
4. 幼儿园里通常有(　　　)供孩子们玩耍。
5. 他本来是一个有志青年，却为了钱(　　　)为囚犯。
6. 七十岁的王大爷(　　　)，经常出去抓蝈蝈、喂小鸟。
7. 中国古代(　　　)读书，是因为读书可以做官。
8. 她的男朋友(　　　)，是个英俊青年。
9. 我们从小在一起(　　　)，互相太了解了。
10. 这些(　　　)的模特在T型台上吸引了众多的目光。

二 搭配下面意思相反的词语：

衣冠楚楚　　　自私自利
道貌岸然　　　四肢爬行
身材高挑　　　个头矮小
直立行走　　　不修边幅
乱七八糟　　　遵守规定
破坏规矩　　　有条有理
有福同享　　　少年老成
返老还童　　　表里如一

三 给动词加上宾语：

投注（　　）　捏出（　　）　逃避（　　）　崇尚（　　）
舔　（　　）　啃　（　　）　折　（　　）　撕　（　　）

合作学习

小组讨论：

1. 我们应该向小孩学些什么？
2. 如果我们能向小孩学习，我们的生活可能发生什么变化？

第十二课 儿时的季节

1. 自由写作：自拟题目，写一篇议论文

2. 小组评改：
 （1）小组成员念作文；
 （2）其他成员提出修改建议。

 相关链接 ▶▶▶▶

在网上搜索"讽刺小说"，了解讽刺文章的风格。

从这一课你学到了什么？

1. _____
2. _____

综合练习(二)

第一部分：词语练习

一 选择正确的字组词：

(弱、溺)水	(募、幕)捐	妙(龄、铃)	毫无瓜(蔓、葛)
险(峻、俊)	交(陡、涉)	拼(凑、揍)	随声(附、付)和
信(赖、懒)	回(决、绝)	(笼、宠)物	(形、邢)单影只
(猝、卒)死	征(徇、询)	无(尝、偿)	(歇、揭)斯底里
博(亦、弈)	(尊、遵)循	(渗、掺)透	收(校、效)甚微
(额、扼)杀	半(响、晌)	精(磁、瓷)	长久(厮、斯)磨
疙(搭、瘩)	脱(结、节)	(搓、挫)折	近在(咫、直)尺
千(均、钧)	血(援、缘)	(欣、钦)佩	因(涡、祸)得福
(骄、娇)嫩	悬(殊、株)	(秒、渺)小	(残、浅)兵败将
(觉、搅)和	(揣、端)摩	(骤、聚)然	有福同(享、亨)
(充、统)帅	引(诱、绣)	靠(陇、拢)	道貌(岸、按)然
(垂、唾)液	(伦、沦)落	童心未(眠、泯)	号(淘、啕)大哭

二 指出每组画线词语的词性及在意义上的联系：

1. 中国代表队夺得了这个项目的<u>金牌</u>。
   他是<u>金</u>口玉言,说到做到。

2. 他考试前生病了,<u>结果</u>成绩不理想。
   这种植物只开花不<u>结果</u>。

3. 这条裙子的<u>花边</u>特别好看。
   现在名人的<u>花边</u>新闻特别多。

4. 运动员伙食不一样,顶级运动员都吃<u>小灶</u>。
   老师给几个学生开<u>小灶</u>,周末也不休息。

5. 我太累了,想歇一个星期。
   这个公司已经歇业一年了。

6. 不下水就学不会游泳。
   我不干这种事,你别拖我下水。

7. 新公寓南北通透,采光很好。
   他把每个观点都讲得十分通透,易于理解。

8. 她平时吃得很素,很少吃肉。
   这件衣服太素了,显得老气。

9. 你听谁说的?根本是没影儿的事。
   等我追出去,他早就没影儿了。

10. 这个专业比较冷,可能报考的人不多。
    你对他那么冷,他还敢和你交往吗?

11. 你能一年学一门外语?口气真不小!
    他总是用埋怨的口气和我说话,真受不了!

12. 各党派斗争十分尖锐。
    他看问题很尖锐。

13. 听他这么说,我一下子就火了。
    最近这个产品卖得很火,商家赚了大钱。

14. 这个非法倒卖汽车的团伙成员都讲黑话,我们听不懂。
    这样劣质的产品卖这么高的价格,太黑了!

15. 不管我怎么说,他高低不答应。
    两人的技术水平差不多,很难分出高低。

16. 走小路比走大路快。
    这些产品都是大路货,哪儿都买得到。

三 词语搭配(答案可以有多种):

形容词和名词		动词和宾语	
陡峭的	抉择	计较	创造性
关键的	变化	突发	心思
沸腾的	勇士	颁发	奇想
急剧的	批评	摆脱	规则
恐怖的	场景	防备	错误
松散的	屋子	管束	得失
贤淑的	妻子	揣摩	困境
悬殊的	人群	容忍	孩子
严厉的	经历	修正	私利
威武的	结构	扼杀	奖状
痛楚的	比分	遵循	数据
空旷的	山峰	图谋	袭击

四 选词填空:

毫无瓜葛	毛发无损	言辞激烈	旁若无人	随声附和
流落街头	歇斯底里	咬牙切齿	收效甚微	不知所云
妙不可言	鱼死网破	近在咫尺	道貌岸然	有福同享

1. 商业竞争十分激烈,结果经常是(　　)。
2. 他们想了很多办法改变这种状况,但是(　　)。
3. 从那么高的楼上掉下来,居然(　　),真是奇迹。
4. 他到处跟人说我是他的亲戚,实际上我和他(　　)。
5. 电视里那个(　　)的小男孩让人心酸。
6. 他的画里有一种特别的味道,(　　),你应该去看看。
7. 找了半天,我需要的人(　　),怎么早没发现呢?
8. 她一吵架就变得(　　),整个楼都听得见她的叫骂。
9. 他一讨论问题就(　　),气氛总是被破坏。
10. 这个家伙(　　),不知道骗了多少人。
11. 他上课时(　　)地打手机,真不像话!
12. 你跟他有什么仇啊,用得着那么(　　)地吗?
13. 他说了一些(　　)的话,谁也没理他。
14. 你生意好了,我们也沾光,(　　)嘛!
15. 这个人总是(　　),一点自己的主见也没有。

第二部分：阅读与写作练习

你是不是经常听到有人抱怨说："他们一开始告诉我们说这是好的或者不好的，可是后来他们又告诉我们相反的结论。"（　　）这不能怪医疗机构或者科学家，因为医学研究经常出现差错，这是不可避免的。

希拉约阿尼纳大学的研究员约翰·约阿尼迪斯博士说，在一些情况下，许多健康研究的"不确定性"需要多次证实。最近，他对1990年至2003年发表在大的刊物上的45篇医学论文进行了研究分析，得出了一个结论：这些研究中的三分之一自相矛盾，或者被后来的研究证明不那么准确。比如，众所周知，维生素E对心脏病有好处，（　　）实际上并没有根据，最近进行的一个大的研究证明，维生素E对心脏病并没有疗效。

在美国医学协会杂志和其他杂志发表的文章中这样的例子还很多，（　　）以后也会有，因为单个健康研究是不能被不容置疑地接受的。现有的经过适当评价的所有证据很难被一篇新闻文章所包含，更不可能被大字标题所包含。

有一个明显的问题是，各种研究在规模和质量上千差万别，（　　）有一些研究经过了精心设计，可是，大部分媒体在报道时给予各种研究同样的地位。（　　），很多研究的误差存在很大差异，（　　）不正视研究的误差，就可能混淆研究结果的正确性，（　　）这一切很少在新闻报道中体现出来。

另一个问题就是，许多健康方面的研究依靠自我报告，而众所周知，这是不可靠的。关于喝绿茶能够减轻咽痛的问题就是这样，当被问到经常喝绿茶会不会减轻咽痛时，各种调查的统计数字也不一样。

对所有的研究进行评价必须正视评价结果与人们的良好愿望的矛盾：毫无疑问，人们本能上都希望新的治疗方法有效。有时他们太相信新的疗法的价值了，（　　）有关这些疗法的批评意见被忽略了。

人们通常对坏消息做出过激反应，比如，看到了一些人对一些疫苗的不良作用反应过敏，(　　)对成千上万的人从同一种疫苗中得到的好处几乎视而不见。

这与统计方面的差别也有一些关系。据说，当我们拒绝承认事实时，就犯了一型错误，当我们认可不正确的结论时，就犯了二型错误。在听新闻报道时，人们常常有一种倾向，那就是刚开始时把本应有的质疑放置一边，这样做只是为了让自己高兴而已，但犯了二型错误。(　　)在评估医学研究的所谓结论时，研究人员通常有相反的倾向，那就是开始时，尽量对结果提出质疑，以便不被结果诱骗，在此种情况下容易犯一型错误。(　　)，在现实生活中你没有办法永远避免这两种类型的错误，不同的努力可能会导致不同的过失。

(　　)，健康研究强调的问题经常有很大出入，那些似乎是互相矛盾的结果，很难进行比较和评估。(　　)，当你面对一项小规模的研究结果说褐色巧克力中的类黄酮有助于降低血压时，你会得出什么样的结论？你相信这种巧克力的研究，(　　)说是因为巧克力的化学成分真有那种效果，倒不如说是出于你的心理原因。

(杨孝文《北京青年报》2005年8月17日)

一　根据上下文填写连词。

二　回答问题：

1. 约翰·约阿尼迪斯博士的研究结果说明了什么？
2. 媒体对健康研究的报道有哪些问题？
3. 健康研究报告为什么不准确？
4. 什么是一型错误？
5. 什么是二型错误？
6. 个人对健康研究报告的理解有什么差异？

三　写作练习：

1. 给上文加上合适的题目：_____
2. 用 50 个字归纳上文的主要意思：

   _____

   _____

   _____

   _____

3. 写一篇对上文的 400 字的评论。

第三部分：反思学习

一　对照目标总结上一阶段的学习：

认识上的改变

实际上的进步

面对的困难

克服困难的方法

二　你有哪些新的目标？

	个人目标	学习方法
1		
2		
3		
4		
5		

部分练习参考答案

第 一 课

阅读一

阅读理解

一、B

二、1. ×　2. √　3. ×　4. ×　5. ×　6. √　7. √

词语练习

一、1. 关键—重点　　　　2. 获得—获取
　　3. 本质—实质　　　　4. 转换—改变
　　5. 具备—具有　　　　6. 用途—用处
　　7. 揭示—公开　　　　8. 所做—所为

二、1. 而　2. 而　3. 而且　4. 而　5. 而　6. 而且

阅读二

阅读理解

一、1. A　2. C

三、2　3　4

词语练习

一、1. 活力　　2. 判决　　3. 捕手，投手　　4. 遗产　　5. 假设
　　6. 昏睡，比喻　7. 谬误　8. 停滞　9. 沟通　10. 单纯

二、1. 不好　　2. 喜欢　　3. 正确　　4. 主动　　5. 各奔东西　6. 不可能

部分练习参考答案

第 二 课

阅读一

阅读理解

一、1. C　2. C

词语练习

二、1. 起死回生　2. 击垮,安慰　3. 魔法,治愈　4. 滋味
　　5. 沾染　　6. 触动　　7. 欣喜若狂　8. 理智

阅读二

阅读理解

一、1. D　2. B　3. A

词语练习

一、伸—脖子/手
　　挥—手
　　仰—头
　　眯—眼

三、1. A　2. B　3. A

第 三 课

阅读一

阅读理解

一、1. B　2. A　3. D　4. B　5. B　6. B

词语练习

一、1. 古怪离奇　2. 捕捞　3. 操作　4. 实践　5. 规律
　　6. 连贯　　7. 效果　8. 储存　9. 生根　10. 交替

二、1. B 2. D 3. A 4. C 5. B 6. A 7. B 8. A

阅读二

阅读理解

一、1. × 2. √ 3. √ 4. √ 5. √ 6. × 7. × 8. ×

三、A C D F

词语练习

一、横轴—竖轴
　　短时—长时
　　懒—勤
　　记忆—遗忘
　　输入—输出
　　催化—减慢
　　吻合—相悖
　　顺水扬帆—逆水行舟

二、1. D 2. B 3. D 4. D 5. D 6. B 7. A 8. D

第 四 课

阅读一

阅读理解

一、1. × 2. √ 3. × 4. × 5. × 6. × 7. √ 8. ×

二、D

词语练习

一、1. 弓,瞪 2. 摇,威胁 3. 跋涉 4. 冲 5. 蹲,惊恐 6. 跃跃欲试

二、动词：　发抖　包围　威胁　接受　跋涉　意识　害怕
　　形容词：难受　烦躁　浓密　恐怖　平静　明亮　聪明

阅读二

阅读理解

一、1. C 2. B 3. A 4. D

二、B

词语练习

二、1. B 2. A 3. C 4. B 5. A 6. A

第 五 课

阅读一

阅读理解

一、1. C 2. C 3. A 4. C

二、D

词语练习

一、1. 弥漫 2. 冒失 3. 面黄肌瘦 4. 责骂
   5. 贪婪 6. 窃窃私语 7. 衣衫褴褛 8. 佩戴

二、熊熊燃烧的—大火
   滚烫的—铁勺
   贪婪的—眼睛
   沸腾的—汤锅
   阴暗的—过道
   冒失的—孩子

三、1. 不可能 2. 就不会 3. 就不会 4. 是

阅读二

阅读理解

一、1. C 2. B 3. C 4. A 5. B 6. D

二、A

词语练习

二、1. A 2. D 3. B 4. B 5. D 6. A 7. D 8. D 9. A 10. B

三、1. 不可能 2. 很严重 3. 不可能 4. 多 5. 能 6. 不

第 六 课

阅读一

阅读理解

一、1. × 2. √ 3. × 4. √ 5. × 6. √ 7. × 8. √

词语练习

一、1. D 2. C 3. A 4. B 5. A 6. B 7. D 8. B 9. A 10. A 11. B
　　12. A

阅读二

阅读理解

一、1. × 2. √ 3. × 4. × 5. √ 6. × 7. √ 8. √ 9. × 10. √

词语练习

一、1. 不修边幅 2. 截然相反 3. 潦倒 4. 梦寐以求 5. 真性情
　　6. 含辛茹苦 7. 触目惊心 8. 义无反顾 9. 相依为命 10. 反响
二、1. 不 2. 不会 3. 不好 4. 不好 5. 需要
　　6. 不 7. 表扬

综合练习（一）

第一部分：词语练习

一、键　具　揭　启
　　滞　籍　谬　捕
　　垮　愈　慰　碌
　　肢　慑　荡　鸦
　　梗　浏　融　覆

部分练习参考答案　169

域　吻　悖　帆
遮　隙　篷　泼
摇　罐　挛　斜
佩　漫　婪　殴
颇　斑　抵　筹
羡　傲　遗　澄
茹　义　截　幅

三、动宾搭配　　　　　　　主谓搭配
　　揭示—规律　　　　　　知识—牢固
　　具备—条件　　　　　　思维—连贯
　　探索—奥秘　　　　　　建筑—倒塌
　　沾染—恶习　　　　　　意见—分歧
　　浏览—网站　　　　　　精神—崩溃
　　储存—信息　　　　　　情绪—激昂
　　输入—汉字　　　　　　性格—冷漠
　　佩带—枪支　　　　　　生意—潦倒
　　汲取—教训　　　　　　动作—到位
　　寄予—希望　　　　　　环境—嘈杂
　　澄清—事实　　　　　　热血—沸腾

四、1. 野心　　2. 雄心　　3. 敏捷　　4. 敏感
　　5. 正统　　6. 正派　　7. 开阔　　8. 广阔
　　9. 严格　　10. 严厉　　11. 描绘　　12. 描述
　　13. 均衡　　14. 均匀　　15. 连续　　16. 连贯
　　17. 理性　　18. 理智　　19. 直接　　20. 径直

第二部分：阅读与写作练习

一、归　矛　维　事　破　接　分　协　轻　辩　请　附　经　容　和　答
二、1. B　2. B　3. B　4. D

中级汉语阅读与写作教程 I

第 七 课

阅读一

阅读理解

一、1. C 2. B 3. D 4. A

二、D

词语练习

一、1. 露天　　2. 照游不误　3. 募捐,回报　4. 一次性　5. 营造
　　6. 耐人寻味　7. 累计　　8. 标语　　　　9. 鲜见

三、1. 不太 2. 不太 3. 难 4. 不会 5. 有

阅读二

阅读理解

一、1. √ 2. × 3. √ 4. × 5. × 6. √ 7. × 8. √

词语练习

一、1. D 2. A 3. C 4. A 5. B 6. C 7. B 8. C 9. A 10. B 11. D 12. D

二、1. 很难 2. 不太 3. 辞职 4. 不会 5. 不易 6. 没有发表 7. 慢 8. 不该

第 八 课

阅读一

阅读理解

一、1. C 2. D 3. D

词语练习

一、1. 图谋　2. 形单影只　3. 物欲横流　4. 挖空心思　5. 突发
　　6. 纯粹　7. 生涯　　　8. 功利　　　9. 回绝　　　10. 建材

部分练习参考答案   171

阅读二

阅读理解
一、1. D 2. C 3. A 4. D

词语练习
一、1. 猝死   2. 著称   3. 无偿   4. 托付   5. 贤淑
　　6. 精明   7. 嘴脸   8. 征询   9. 乱子   10. 公正
二、1. 猝死   2. 奖金   3. 料理   4. 美貌   5. 宗旨
　　6. 珍惜   7. 相伴   8. 珍贵遗产   9. 一点心意   10. 年轻貌美
三、1. 不想   2. 不会   3. 不太   4. 没有爱过

第 九 课

阅读一

阅读理解
一、1 2 5 7 9
二、1. C 2. D 3. D

词语练习
一、1. 忽视   2. 颁发,开创性   3. 声称   4. 遵循   5. 渗透   6. 互动   7. 均衡

阅读二

阅读理解
一、1. × 2. √ 3. √ 4. × 5. × 6. √ 7. √ 8. × 9. √ 10. ×

词语练习
一、1. A 2. B 3. D 4. B 5. B 6. B 7. D 8. A 9. D 10. B
二、1. 不该 2. 不是 3. 应该 4. 应该

第 十 课

阅读一

阅读理解

一、1. D　2. C　3. A

词语练习

一、1. 遗传　　2. 甩　　3. 吩咐　4. 天底下　5. 计较
　　6. 三更半夜　7. 半晌　8. 镇　9. 咂咂嘴　10. 尽孝

二、静—动
　　缓—急
　　净—脏
　　丑—美
　　整齐—凌乱
　　轻松—紧张

三、1. 不够　2. 应该　3. 十分　4. 一定　5. 不知道

阅读二

阅读理解

一、1. B　2. D　3. A

词语练习

一、1. D　2. B　3. A　4. C　5. D　6. B　7. B　8. D　9. B　10. B
三、1. 多　2. 一定　3. 可以　4. 苦闷　5. 一定　6. 不会　7. 更　8. 没问题

第十一课

阅读一

阅读理解

一、1. C　2. A　3. B　4. B　5. D

二、1 3 6 7 8

词语练习

一、1. 仿佛　　2. 失散　　3. 痛楚　　4. 容忍　　5. 钦佩　　6. 迫不及待
　　7. 娇嫩　　8. 不屑于　9. 无援　10. 崇拜　11. 刹碎　12. 防备
二、1. 太强　　2. 没有　　3. 不愿意　4. 看不起　5. 不会　　6. 不能
　　7. 不太　　8. 不

阅读二

阅读理解

一、1. A　2. D　3. C　4. A

词语练习

一、1. 空白　　2. 意识流　3. 回味　　4. 姻缘　　　5. 当事人
　　6. 孪生　　7. 蒸发　　8. 搅和　　9. 升华,境界　10. 纠缠

第十二课

阅读一

阅读理解

一、1. ×　2. √　3. √　4. ×　5. ×　6. √　7. √　8. ×　9. √　10. ×

词语练习

一、1. 呻吟　　　2. 揣摩　　　3. 征召入伍　4. 因祸得福　5. 浩浩荡荡
　　6. 难舍难分　7. 残兵败将　8. 骤然　　　9. 尾随　　　10. 空旷
　　11. 引诱　　12. 成群结队
二、1. 不是　　　2. 会　　　　3. 不会　　　4. 不会　　　5. 不会　6. 不会

阅读二

词语练习

一、1. 厮混　　2. 管束　　3. 出没　　4. 沙坑　　5. 沦落
　　6. 童心未泯　7. 崇尚　8. 风度翩翩　9. 摸爬滚打　10. 仪态万方

二、衣冠楚楚—不修边幅
　　道貌岸然—表里如一
　　身材高挑—个头矮小
　　直立行走—四肢爬行
　　乱七八糟—有条有理
　　破坏规矩—遵守规定
　　有福同享—自私自利
　　返老还童—少年老成

综合练习（二）

第一部分：词语练习

一、溺　募　龄　葛
　　峻　涉　凑　附
　　赖　绝　宠　形
　　猝　询　偿　歇
　　弈　遵　渗　效
　　扼　晌　瓷　厮
　　瘩　节　挫　咫
　　钧　缘　钦　祸
　　娇　殊　渺　残
　　搅　揣　骤　享
　　统　诱　拢　岸
　　唾　沦　泯　啕

三、形容词和名词　　　　　动词和宾语
　　陡峭的—山峰　　　　　计较—得失
　　关键的—抉择　　　　　突发—奇想
　　沸腾的—人群　　　　　颁发—奖状

急剧的	变化	摆脱	困境
恐怖的	场景	防备	袭击
松散的	结构	管束	孩子
贤淑的	妻子	揣摩	心思
悬殊的	比分	容忍	错误
严厉的	批评	修正	数据
威武的	勇士	扼杀	创造性
痛楚的	经历	遵循	规则
空旷的	屋子	图谋	私利

四、1. 鱼死网破 2. 收效甚微 3. 毛发无损 4. 毫无瓜葛 5. 流落街头
6. 妙不可言 7. 近在咫尺 8. 歇斯底里 9. 言辞激烈 10. 道貌岸然
11. 旁若无人 12. 咬牙切齿 13. 不知所云 14. 有福同享 15. 随声附和

第二部分：阅读与写作练习

一、其实　　但　　而且　　虽然　　其实　　如果　　而
　　以至于　而　　可是　　当然　　此外　　那么　　与其

词语总表

A

哀求	āiqiú	4—2
安慰	ānwèi	2—1
昂然	ángrán	2—2

B

跋涉	báshè	4—1
白发苍苍	bái fà cāngcāng	7—1
摆脱	bǎituō	9—2
颁发	bānfā	9—1
半晌	bànshǎng	10—1
薄	báo	8—2
鲍	bào	10—1
崩溃	bēngkuì	5—2
比喻	bǐyù	1—2
标语	biāoyǔ	7—1
柄	bǐng	5—1
博弈	bóyì	9—1
捕捞	bǔlāo	3—1
捕手	bǔshǒu	1—2
不动产	búdòngchǎn	8—2
不舍昼夜	bù shě zhòuyè	11—2
不屑于	búxièyú	11—1
不懈	búxiè	6—1
不修边幅	bù xiū biānfú	6—2
不知所云	bù zhī suǒ yún	10—1

C

才情四溢	cáiqíng sìyì	6—2
残兵败将	cán bīng bài jiàng	12—1
操作	cāozuò	3—1
嘈杂	cáozá	6—2
策略	cèlüè	9—1
长久厮磨	chángjiǔ sīmó	11—2
沉默	chénmò	6—1
成群结队	chéng qún jié duì	12—1
澄清	chéngqīng	6—1
吃力不讨好	chī lì bù tǎo hǎo	3—2
翅	chì	10—1
崇拜	chóngbài	11—1
崇尚	chóngshàng	12—2
宠物	chǒngwù	8—1
抽搐	chōuchù	5—2
抽样调查	chōuyàng diàochá	6—2
出没	chūmò	12—2
储存	chǔcún	3—1
触动	chùdòng	2—1
触目惊心	chù mù jīng xīn	6—2
揣摩	chuǎimó	12—1
纯粹	chúncuì	8—1
蠢	chǔn	4—2
慈善	císhàn	8—1
猝死	cùsǐ	8—2
窜	cuàn	4—2
催化	cuīhuà	3—2

词语总表

挫折	cuòzhé	10—2

D

大片	dàpiàn	6—2
大摇大摆	dà yáo dà bǎi	4—2
单纯	dānchún	1—2
担保	dānbǎo	6—1
当事人	dāngshìrén	11—2
荡漾	dàngyàng	2—2
倒塌	dǎotā	4—2
到位	dàowèi	6—2
道貌岸然	dàomào ànrán	12—2
瞪	dèng	4—1
低档	dīdǎng	7—2
抵制	dǐzhì	5—2
地势	dìshì	7—2
陡峭	dǒuqiào	7—2
短命	duǎnmìng	8—1
对手	duìshǒu	4—2
对子	duìzi	7—1
蹲	dūn	4—1
剁碎	duòsuì	11—1

E

扼杀	èshā	9—2
恩师	ēnshī	6—1

F

发抖	fādǒu	4—1
翻来覆去	fān lái fù qù	3—1
烦躁	fánzào	4—1
反驳	fǎnbó	7—2

反感	fǎngǎn	12—1
反响	fǎnxiǎng	6—2
返老还童	fǎn lǎo huán tóng	12—2
范式	fànshì	9—1
防备	fángbèi	11—1
仿佛	fǎngfú	11—1
沸腾	fèiténg	5—1
分歧	fēnqí	5—2
吩咐	fēnfù	10—1
风度翩翩	fēngdù piānpiān	12—2
枫叶	fēngyè	12—1
俯视	fǔshì	11—1

G

干粮	gànliang	7—2
干预	gānyù	10—2
感官	gǎnguān	3—1
杠	gàng	3—1
高挑	gāotiāo	12—2
疙瘩	gēda	10—2
梗概	gěnggài	3—1
弓	gōng	4—1
公证人	gōngzhèngrén	8—2
功利	gōnglì	8—1
共识	gòngshí	1—1
沟通	gōutōng	1—2
古怪离奇	gǔguài líqí	3—1
挂靠	guàkào	3—1
关键	guānjiàn	1—1
管束	guǎnshù	12—2
罐子	guànzi	4—2
归程	guīchéng	7—2
诡谲	guǐjué	2—2
滚烫	gǔntàng	5—1

蝈蝈	guōguo	12—1	急剧	jíjù	10—2
			计较	jìjiào	10—1
H			寄予	jìyǔ	6—1
			假设	jiǎshè	1—2
海碗	hǎiwǎn	10—1	尖锐	jiānruì	6—2
含辛茹苦	hán xīn rú kǔ	6—2	兼容	jiānróng	10—2
毫无瓜葛	háowú guāgé	7—2	减负	jiǎn fù	9—2
号啕大哭	háotáo dà kū	12—2	间隙	jiànxì	4—1
浩浩荡荡	hàohàodàngdàng	12—1	建材	jiàncái	8—1
横轴	héngzhóu	3—2	箭	jiàn	4—2
后事	hòushì	8—2	奖状	jiǎngzhuàng	6—1
呼声	hūshēng	9—2	交涉	jiāoshè	7—2
忽略	hūlüè	12—1	交替	jiāotì	3—1
忽视	hūshì	9—1	娇嫩	jiāonèn	11—1
糊涂	hútu	11—1	焦虑	jiāolǜ	6—1
互动	hùdòng	9—1	搅和	jiǎohuo	11—2
画地为牢	huà dì wéi láo	5—2	接收器	jiēshōuqì	1—2
獾	huān	5—2	揭示	jiēshì	1—1
寰宇	huányǔ	2—2	桀骜不驯	jié'ào bú xùn	6—1
缓缓	huǎnhuǎn	10—1	截然相反	jiérán xiāngfǎn	6—2
回报	huíbào	7—1	芥末子	jièmòzǐ	2—1
回绝	huíjué	8—1	金纹	jīnwén	10—1
回味	huíwèi	11—2	尽孝	jìn xiào	10—1
昏睡	hūnshuì	1—2	近在咫尺	jìn zài zhǐchǐ	11—2
活力	huólì	1—2	惊恐	jīngkǒng	4—1
火势	huǒshì	9—1	精瓷	jīngcí	10—1
获得	huòdé	1—1	精力	jīnglì	9—2
			精明	jīngmíng	8—2
J			径直	jìngzhí	4—1
			痉挛	jìngluán	4—2
击败	jībài	2—2	境界	jìngjiè	11—2
击垮	jīkuǎ	2—1	纠缠	jiūchán	11—2
激昂	jī'áng	6—1	救兵	jiùbīng	7—2
激烈	jīliè	7—2	举世	jǔshì	4—2
汲取	jíqǔ	5—2	举止得体	jǔzhǐ détǐ	12—2

具备	jùbèi	1—1
掘	jué	5—2
均衡	jūnhéng	3—2

K

开创性	kāichuàngxìng	9—1
开阔	kāikuò	4—2
抗议	kàngyì	5—2
靠拢	kàolǒng	12—2
苛求	kēqiú	6—1
蝌蚪	kēdǒu	12—1
可耻	kěchǐ	7—1
可见一斑	kě jiàn yì bān	5—2
客观	kèguān	1—1
啃	kěn	4—2
空旷	kōngkuàng	12—1
恐怖	kǒngbù	4—1
枯柴	kūchái	8—1
窥视	kuīshì	6—1
困	kùn	4—2
困惑	kùnhuò	7—2
困境	kùnjìng	9—2

L

蓝图	lántú	10—2
牢固	láogù	3—1
老朽	lǎoxiǔ	8—1
潦倒	liáodǎo	6—2
累计	lěijì	7—1
冷淡	lěngdàn	11—1
冷漠	lěngmò	6—2
冷却	lěngquè	12—1
愣	lèng	3—2

理性主义	lǐxìng zhǔyì	9—1
理智	lǐzhì	2—1
力透纸背	lì tòu zhǐ bèi	2—2
连贯	liánguàn	3—1
恋恋不舍	liànliàn bù shě	7—2
聆听	língtīng	6—1
领域	lǐngyù	3—2
令人称羡	lìng rén chēng xiàn	6—1
浏览	liúlǎn	3—1
流落街头	liúluò jiētóu	8—2
龙飞凤舞	lóng fēi fèng wǔ	2—2
露天	lùtiān	7—1
屡屡	lǚlǚ	10—2
孪生	luánshēng	11—2
乱子	luànzi	8—2
沦落	lúnluò	12—2
落荒而逃	luò huāng ér táo	4—2

M

鳗鱼	mányú	5—2
满腔遗憾	mǎn qiāng yíhàn	6—1
满堂喝彩	mǎn táng hècǎi	6—1
忙碌	mánglù	2—1
盲人	mángrén	1—1
毛发未损	máofà wèi sǔn	7—2
冒失	màoshi	5—1
门楣	ménméi	12—1
蒙尘	méng chén	11—2
梦寐以求	mèng mèi yǐ qiú	6—2
弥漫	mímàn	5—1
面黄肌瘦	miàn huáng jī shòu	5—1
描绘	miáohuì	3—2
渺小	miǎoxiǎo	11—1
妙不可言	miào bù kě yán	10—1

妙龄	miàolíng	7—1
敏感	mǐngǎn	6—1
谬误	miùwù	1—2
摸爬滚打	mō pá gǔn dǎ	12—2
摩挲	mósuō	8—1
魔法	mófǎ	2—1
默契	mòqì	4—2
谋面	móumiàn	6—1
募捐	mùjuān	7—1

N

耐人寻味	nài rén xún wèi	7—1
难舍难分	nán shě nán fēn	12—1
泥堡	níbǎo	12—2
溺水	nìshuǐ	7—1
怒从心起	nù cóng xīn qǐ	4—2

O

殴打	ōudǎ	5—1

P

攀登	pāndēng	10—2
判决	pànjué	1—2
旁若无人	páng ruò wú rén	7—2
佩戴	pèidài	5—1
碰壁	pèng bì	10—2
皮筋	píjīn	12—2
瓢泼大雨	piáo pō dà yǔ	4—1
拼凑	pīncòu	7—2
频率	pínlǜ	3—1
平庸	píngyōng	5—2
迫不及待	pò bù jí dài	11—1

扑灭	pūmiè	9—1
扑通	pūtōng	12—1

Q

启示	qǐshì	1—1
起死回生	qǐ sǐ huí shēng	2—1
弃婴	qìyīng	6—2
千回百转	qiān huí bǎi zhuǎn	1—2
千钧	qiānjūn	10—2
潜意识	qiányìshi	7—1
窃窃私语	qièqiè sīyǔ	5—1
钦佩	qīnpèi	11—1
勤	qín	3—2
倾倒	qīngdǎo	2—2
倾向	qīngxiàng	7—1
倾斜	qīngxié	4—2
曲线	qūxiàn	3—2
诠释	quánshì	5—2

R

嚷嚷	rāngrang	7—2
燃烧	ránshāo	5—1
容忍	róngrěn	11—1
融合	rónghé	3—1

S

三更半夜	sān gēng bàn yè	10—1
沙坑	shākēng	12—2
少年宫	shàoniángōng	6—1
奢谈	shētán	10—2
参	shēn	10—1
身材	shēncái	12—2

呻吟	shēnyín	12—1
渗透	shèntòu	9—1
升华	shēnghuá	11—2
升学率	shēngxuélǜ	9—2
生机	shēngjī	10—2
生涯	shēngyá	8—1
声称	shēngchēng	9—1
声讨	shēngtǎo	7—2
失散	shīsàn	11—1
失意	shīyì	6—2
失之偏颇	shī zhī piānpō	5—2
实质	shízhì	1—1
使然	shǐrán	5—2
视觉	shìjué	1—1
收效甚微	shōuxiào shèn wēi	9—2
收益	shōuyì	9—2
书籍	shūjí	1—2
输入	shūrù	3—2
树杈	shùchà	4—1
竖轴	shùzhóu	3—2
数据	shùjù	3—2
甩	shuǎi	10—1
顺水扬帆	shùn shuǐ yáng fān	3—2
厮混	sīhùn	12—2
死记硬背	sǐ jì yìng bèi	3—2
松散	sōngsǎn	7—2
素质	sùzhì	9—2
塑造	sùzào	5—1
随声附和	suí shēng fùhè	7—2
所见略同	suǒ jiàn lüè tóng	5—2
所为	suǒwéi	1—1

T

贪婪	tānlán	5—1
探索	tànsuǒ	1—2
逃生	táoshēng	9—1
体制	tǐzhì	9—2
天底下	tiāndǐxia	10—1
天旋地转	tiān xuán dì zhuàn	4—2
停滞	tíngzhì	1—2
铜皮铁骨	tóng pí tiě gǔ	10—1
童心未泯	tóng xīn wèi mǐn	12—2
统帅	tǒngshuài	12—1
痛楚	tòngchǔ	11—1
投手	tóushǒu	1—2
透	tòu	4—1
突发	tūfā	8—1
图谋	túmóu	8—1
土拨鼠	tǔbōshǔ	5—2
托付	tuōfù	8—2
脱节	tuōjié	10—2
鸵鸟	tuóniǎo	12—2
唾液	tuòyè	12—2

W

挖空心思	wākōng xīnsī	8—1
玩世不恭	wán shì bù gōng	6—1
威武	wēiwǔ	12—1
微生物	wēishēngwù	12—2
为人父母	wèi rén fùmǔ	6—2
尾随	wěisuí	12—1
未遂	wèisuì	7—2
吻合	wěnhé	3—2
无偿	wúcháng	8—2
无计可施	wú jì kě shī	5—2
无援	wúyuán	11—1
物欲横流	wù yù héng liú	8—1

X

悉心	xīxīn	8—2
蟋蟀	xīshuài	12—1
洗礼	xǐlǐ	6—1
先知	xiānzhī	5—1
贤淑	xiánshū	8—2
衔泥	xián ní	12—1
鲜见	xiǎnjiàn	7—1
险恶	xiǎn'è	10—2
险峻	xiǎnjùn	7—2
相悖	xiāng bèi	3—2
相依为命	xiāng yī wéi mìng	6—2
香甜糯滑	xiāngtián nuòhuá	10—1
小儿麻痹	xiǎo'ér mábì	2—2
歇斯底里	xiēsīdǐlǐ	8—2
泄露	xièlòu	6—1
心理	xīnlǐ	5—2
欣喜若狂	xīnxǐ ruò kuáng	2—1
信赖	xìnlài	8—1
信徒	xìntú	5—1
形单影只	xíng dān yǐng zhī	8—1
熊熊	xióngxióng	5—1
修正	xiūzhèng	10—2
虚怀若谷	xū huái ruò gǔ	5—2
虚伪	xūwěi	6—2
悬殊	xuánshū	11—1
选拔赛	xuǎnbásài	6—1
血缘	xuèyuán	10—2

Y

压抑	yāyì	10—2
鸦雀无声	yā què wú shēng	2—2
嫣然一笑	yān rán yí xiào	2—2
严厉	yánlì	4—1
言辞	yáncí	7—2
言之成理	yán zhī chéng lǐ	5—2
艳俗	yànsú	6—1
扬长而去	yángcháng ér qù	4—2
摇晃	yáohuàng	4—2
遥控	yáokòng	4—2
咬牙切齿	yǎo yá qiè chǐ	8—2
舀	yǎo	5—1
野心	yěxīn	6—1
一刹那	yíchànà	4—1
一筹莫展	yì chóu mò zhǎn	5—2
一次性	yícìxìng	7—1
一日千里	yí rì qiān lǐ	3—2
一石数鸟	yì shí shù niǎo	3—1
衣冠楚楚	yīguān chǔchǔ	12—2
衣衫褴褛	yīshān lánlǔ	5—1
仪态万方	yítài wànfāng	12—2
遗产	yíchǎn	1—2
遗传	yíchuán	10—1
遗忘	yíwàng	3—1
义无反顾	yì wú fǎn gù	6—2
意识流	yìshiliú	11—2
因祸得福	yīn huò dé fú	12—1
姻缘	yīnyuán	11—2
引诱	yǐnyòu	12—1
营救	yíngjiù	7—1
营造	yíngzào	7—1
应激	yìngjī	10—2
用途	yòngtú	1—1
优势	yōushì	9—2
悠哉游哉	yōuzāi yóuzāi	7—2
有福同享	yǒu fú tóng xiǎng	12—2
鱼死网破	yú sǐ wǎng pò	10—2

愉悦	yúyuè	10—2	震慑	zhènshè	2—2
远在天涯	yuǎn zài tiānyá	11—2	征询	zhēngxún	8—2
怨恨	yuànhèn	2—2	征召入伍	zhēngzhào rù wǔ	12—1
怨尤	yuànyóu	11—2	正统	zhèngtǒng	5—1
跃跃欲试	yuèyuè yù shì	4—1	支付	zhīfù	9—1
乐谱	yuèpǔ	6—1	知己	zhījǐ	6—1
晕厥	yūnjué	8—2	肢体	zhītǐ	2—2
			治愈	zhìyù	2—1
			致辞	zhìcí	5—2

Z

			终结	zhōngjié	1—2
咂嘴	zā zuǐ	10—1	骤然	zhòurán	12—1
造就	zàojiù	6—1	逐	zhú	3—1
责骂	zémà	5—1	筑巢	zhù cháo	12—1
增负	zēng fù	9—2	著称	zhùchēng	8—2
沾染	zhānrǎn	2—1	砖垛	zhuānduǒ	12—2
占优	zhànyōu	9—2	转换	zhuǎnhuàn	1—1
帐篷	zhàngpeng	4—1	滋味	zīwèi	2—1
照游不误	zhào yóu bú wù	7—1	自如	zìrú	2—2
遮蔽	zhēbì	4—1	自尊心	zìzūnxīn	11—1
真性情	zhēnxìngqíng	6—2	嘴脸	zuǐliǎn	8—2
镇	zhèn	10—1	遵循	zūnxún	9—1
震惊	zhènjīng	4—2			